2024
上海虹桥国际中央商务区
发展报告

2024 Annual Report on Development of
Shanghai Hongqiao International CBD

上海虹桥国际中央商务区管理委员会　编

上海社会科学院出版社
SHANGHAI ACADEMY OF SOCIAL SCIENCES PRESS

编审委员会

主　　　任	孔福安
副　主　任	付乃恂　张　斌　胡志宏　杨旭波
顾　　　问	薛全荣　闵师林　钟晓咏
成　　　员	（按姓氏笔画排序）
	卫爱民　王世营　朱莹华　刘　飞　刘　涛　李毓纲
	吴岳俊　何泽岗　陈钟宇　贾开京　徐明生

编写工作组

主　　　编	付乃恂
执 行 主 编	刘　涛
执行副主编	刘　骏
组 织 编 写	熊员文　段　瑾
编 写 成 员	（按姓氏笔画排序）
	王轶菲　王晓红　毛敬宽　仇　越　朱小玲　朱瑛珺
	李迎春　吴依燦　沈毅轩　陈汉聪　袁　珍　高绿丹
	诸春雯　谢安娜

序

  2024年，党中央召开二十届三中全会，科学谋划了围绕中国式现代化进一步全面深化改革的总体部署。十二届上海市委五次全会系统明确了上海进一步全面深化改革的任务书、时间表、施工图，赋予虹桥国际中央商务区（简称商务区）重点区域改革开放试验田的使命任务。上海市政府常务会议审议通过《关于支持虹桥国际中央商务区建设国际贸易中心新平台的若干措施》，持续赋能商务区建设发展。

  比认识更重要的是决心，比方法更关键的是担当。作为上海承载国家战略任务的重点区域，商务区深入贯彻党中央以及市委、市政府进一步全面深化改革的战略部署，聚焦提升虹桥国际开放枢纽能级，以排头兵的姿态和先行者的担当，全力打造国际贸易中心新平台，加快建设进口贸易促进创新示范区、"丝路电商"辐射引领区以及生产性互联网服务平台集聚区，持续放大进博溢出效应，推动虹桥国际开放枢纽"一核两带"相互赋能、共拉长板，进一步提升服务长三角的能力和水平。

  大道至简、实干为要。这一年，商务区以稳增长、促发展、强功能为首要任务，定期分析研判和督导调度，协调闵行区、长宁区、青浦区、嘉定区紧密联动，推动经济运行逆势向好。突出重点领域开展产业链招商，"走出去"举办企业家圆桌会和组织"潮涌浦江·投资虹桥"等一系列高能级投资促进活动，持续招大引强，进一步提升总部经济能级。聚焦企业"走出去"诸多发展诉求，建立与完善虹桥海外发展服务中心、虹桥国际人才服务中心，并持续做强虹桥海外贸易中心、虹桥品汇等平台功能，进一步放大一批专业化服务平台效应。致力培育发展新质生产力，深化新一轮产业规划研究，抢抓战略性新兴产业机遇，布局低空经济新赛道，推动创新链、产业链、人才链深度融合。突出增强功能核心、塑造生态绿脉、推动功能贯通，整体统筹全域功能布局、空间结构和资源要素，研究编制商务区专项规划。同时，围绕提升商务区城市品质，补短板完善公共服务设施配套，建高地加快推进人才集聚，优环境持续推进标志性中央商务区（Central Business District，CBD）城市更新，推动一流城市形态和一流城市品质相匹配。

进一步全面深化改革，商务区将牢记"国之大者"，坚持"四个放在"，[①]把大虹桥承载的国家战略任务与进一步全面深化改革的战略部署紧密结合起来，不断提振"奋力一跳"的精气神，凝心聚力投身改革，全力以赴攻坚克难，切实担当改革开放先行先试责任，更好为国家试制度、测压力、探新路，努力在进一步全面深化改革的伟大实践中创造新的不凡业绩。

本书的编撰，得到了上海社会科学院专业团队的支持。希望通过《2024上海虹桥国际中央商务区发展报告》这本书，让更多的人了解虹桥、关注虹桥、选择虹桥、热爱虹桥，与我们一起共创美好未来。

上海虹桥国际中央商务区管理委员会　党组书记
　　　　　　　　　　　　　　　　　　常务副主任

[①] 2007年5月24日，习近平同志在上海市第九次党代会报告中首次提出："我们必须把上海未来发展放在中央对上海发展的战略定位上，放在经济全球化的大趋势下，放在全国发展的大格局中，放在国家对长江三角洲区域发展的总体部署中来思考和谋划。"

目 录

序 I

第一章　经济稳增长 001
  第一节　经济运行 001
  第二节　招商引资 006
  第三节　重大项目 014
  第四节　产业生态 021
  第五节　消费集聚 031

第二章　规划引领 035
  第一节　专项规划 035
  第二节　重点领域规划 038
  第三节　"十五五"规划编制前期研究 042

第三章　国际贸易中心新平台 046
  第一节　进博会溢出效应 046
  第二节　国际会展之都核心承载区 052
  第三节　总部经济能级提升 057
  第四节　生产性互联网服务平台集聚 061

第四章　双向开放 066
  第一节　政策落地 066
  第二节　"走出去"平台 072
  第三节　"丝路电商"辐射引领区 075

| | 第四节 | 2024虹桥HUB大会 | 083 |

第五章　区域品质提升 090
　　第一节　标志性CBD城市更新 090
　　第二节　综合交通优化 096
　　第三节　进博会综合服务保障 100
　　第四节　保障性租赁住房建设 104
　　第五节　绿色生态城区 108

第六章　国际一流营商环境 114
　　第一节　商务区营商环境体系 114
　　第二节　人才高地建设 117
　　第三节　虹桥国际中央法务区建设 124
　　第四节　城市精细化管理 127
　　第五节　新一轮专项资金 129
　　第六节　虹桥宣传 132

第七章　四大片区协同发展 135
　　第一节　闵行片区 135
　　第二节　长宁片区 143
　　第三节　青浦片区 150
　　第四节　嘉定片区 158

2024上海虹桥国际中央商务区大事记 165

《2024上海虹桥国际中央商务区发展报告》英译（节选） ...173

第一章　经济稳增长

2024年，商务区按照市委市政府工作要求，紧扣一体化、高质量和国际化，持续做大经济规模、做强核心功能、做高经济密度，在政策制度创新、总部经济集聚、功能平台建设等方面实现新突破，不断巩固和放大多重国家战略叠加赋能优势，提高商务区整体标识度和核心竞争力，经济工作取得阶段性成效。

第一节　经济运行

2024年是实现"十四五"规划目标任务的关键一年。面对外部压力加大、内部困难增多的复杂严峻形势，以习近平同志为核心的党中央团结带领全党全国各族人民，坚持稳中求进工作总基调，全面贯彻新发展理念，加大宏观调控力度，市场预期逐步改善，发展活力不断增强，经济运行总体平稳、稳中有进，经济社会发展主要目标任务顺利完成。

2024年7月，党的二十届三中全会科学谋划了围绕中国式现代化进一步全面深化改革的总体部署，为新征程上继续把改革推向前进提供了根本遵循。十二届市委五次全会决议就上海贯彻落实三中全会精神，进一步全面深化改革、在推进中国式现代化中充分发挥龙头带动和示范引领作用，提出明确的路线图、时间表。十二届市委六次全会指出，上海有龙头带动优势、改革开放优势、科技和人才优势、治理现代化优势。面对错综复杂的内外部环境，上海的超大规模市场优势、完整的供应链配套优势、高效的技术创新扩散优势等不减反增。上海"五个中心"建设的战略意义进一步凸显，贸易结构调整、产业转型升级以及数字化、智能化、绿色化趋势，带来了新的机遇。

作为承载国家战略的国际开放枢纽核心区，商务区深入学习贯彻习近平总书记考察上海重要讲话和党的二十届三中全会精神，以及十二届市委四次、五次全会部署，按照市政府年度工作要求，聚焦进一步提升虹桥国际开放枢纽能级，着眼落实国家战略，以钉钉子精神抓好改革落实，全力推进完成年度各项工作任务，推动商务区经济社会发展，不断巩固放大多重国家战略叠加赋能优势。

一、全力促进经济稳增长

2024年，商务区经济运行逆势向好，主要经济数据稳步增长。1—12月，实现区域生产总值2 002.43亿元，增长6.3%；完成税收收入500.97亿元，同比增长5.7%；规模以上工业产值610.84亿元，同比增长14.6%；固定资产投资565.79亿元，同比增长15.5%；进出口商品额856.40亿元，同比增长13.0%。规模以上服务业营业收入2 554.76亿元，同比增长6.7%；规模以上信息传输、软件和信息技术服务业营业收入435.19亿元，同比增长3.9%；规模以上租赁和商务服务业营业收入852.59亿元，同比增长6.1%；规模以上科学研究和技术服务业营业收入102.23亿元，同比增长9.4%。商务区在规模以上工业产值、固定资产投资、进出口商品额等指标上全年实现了两位数增长。

其中，全年实现税收收入方面，闵行片区108.97亿元，同比增长8.1%；长宁片区210.49亿元，同比增长11.8%；青浦片区111.91亿元，同比下降10.1%；嘉定片区69.60亿元，同比增长15.4%。

表 1-1　2024 年虹桥国际中央商务区税收收入　　　　　　　　单位：亿元

区　域	2023 年 1—12 月	2024 年 1—12 月	同比（%）
商务区	473.97	500.97	5.7
闵行片区	100.80	108.97	8.1
长宁片区	188.35	210.49	11.8
青浦片区	124.52	111.91	−10.1
嘉定片区	60.30	69.60	15.4

二、加大招商引资力度

2024年，商务区按照市委市政府部署要求，以培育发展新质生产力为重点，着力转变招商引资理念、规范招商引资行为、创新招商引资方法，持续完善配套政策体系、优化考核督办机制，推动招商引资体系化建设取得新突破、能力实现新提升。商务区全年实现固定资产投资565.79亿元，同比增长15.5%。外商投资合同金额202 626.35万美元，其中长宁片区22 903.56万美元，同比增长41.2%。外商投资实际到位金额38 562.62万美元。2024年以来，商务区累计引进重点产业和投资类项目207个，签约投资总额290亿元。

表1-2　2024年虹桥国际中央商务区外商投资额　　单位：万美元

区　域	合同金额	实际到位金额
商务区	202 626.35	38 562.62
闵行片区	39 134.79	26 492.79
长宁片区	22 903.56	7 603.53
青浦片区	36 926	4 152.30
嘉定片区	103 662	314

三、推进消费集聚区建设

商务区出台"打造商务区商圈友好型消费服务环境的八条便民举措"，持续推进区内大型商业综合体品质升级、业态调整和消费便利化设施建设。推动上海荟聚等大型商业综合体正式开业，开展"五五购物节"等40余项重点消费活动，全力打响虹桥购物品牌。持续发挥虹桥天地、蟠龙天地等特色商业载体作用，发布线上消费地图（虹桥GO版、进博会消费引流版），并持续推动核心区商圈升级和消费产业集聚，以政策引导"商旅文体展"联动。

1—12月，商务区实现限额以上商品销售额5 036.98亿元，其中，闵行片区1 570.94亿元、长宁片区2 157.08亿元、青浦片区861.10亿元、嘉定片区447.86亿元；实现限额以上社会消费品零售额498.99亿元，其中，闵行片区158.66亿元，同比下降14.4%；长宁片区121.43亿元，同比增长5.4%；青浦片区133.40亿元，同比增长4.0%；嘉定片区85.50亿元，同比下降0.8%。

表 1-3　2024 年虹桥国际中央商务区消费市场情况　　　　　　　　单位：亿元

区　域	限额以上商品销售额		限额以上社会消费品零售额	
	2024 年 1—12 月	同比增幅（%）	2024 年 1—12 月	同比增幅（%）
商务区	5 036.98	−4.0	498.99	−3.0
闵行片区	1 570.94	−17.5	158.66	−14.4
长宁片区	2 157.08	−0.1	121.43	5.6
青浦片区	861.1	14.9	133.4	4.0
嘉定片区	447.86	3.1	85.5	−0.8

四、国际贸易增长显著

2024年，商务区为更好承接进博会等展会溢出效应、更大力度发展新型国际贸易、加快集聚高能级贸易主体和贸易平台、加快提升专业服务业能级、夯实国际贸易中心新平台建设的人才支撑，商务区设立虹桥海外发展服务中心，提供政务服务和专业服务平台，形成集聚70余家专业机构的服务联盟，服务企业"走出去"生态体系初步成型。进出口保持快速增长，其中对美国、巴西出口额较去年大幅提高。

1—12月，商务区实现货物进出口总额856.40亿元，同比增长13.0%。其中，货物进口额完成563.85亿元，同比增长6.0%；货物出口额完成292.55亿元，同比增长29.3%。

表 1-4　2024 年虹桥国际中央商务区货物进出口总额　　　　　　　　单位：亿元

区　域	2023 年 1—12 月	2024 年 1—12 月	同比增幅（%）
商务区	758.14	856.4	13.0
闵行片区	210.27	218.79	4.1
长宁片区	355.35	440.47	24.0
青浦片区	83.51	84.1	0.7
嘉定片区	109.01	113.04	3.7

五、企业主体持续增加

2024年,商务区持续提升总部经济能级,加快形成全方位、多层次、宽领域的总部支持政策,推动多家总部项目落地入驻。加快培育跨国公司地区总部、民营企业总部、贸易型总部等总部机构在商务区集聚发展,增强全球资源配置、市场链接、对外辐射等功能。

1—12月,商务区新增法人企业数8 652家,其中内资8 337家,外资315家。累计法人企业数102 485家,其中内资97 518家、外资4 967家。

表1-5　2024年虹桥国际中央商务区累计法人企业数　　　　单位:个

区　域	内　资	外　资	合　计
商务区	97 518	4 967	102 485
闵行片区	28 600	2 008	30 608
长宁片区	11 957	1 399	13 356
青浦片区	19 376	889	20 265
嘉定片区	37 585	671	38 256

第二节　招商引资

2024年，商务区进一步贯彻上海市招商引资企业服务工作推进部署会精神，创新招商服务理念，规范招商引资行为，不断形成招商工作合力，持续深化"走出去"招商，充分展现出商务区高质量招商引资发展成就。

一、规范招商机制

2024年，商务区着力推进招商服务一体化建设，出台"虹桥国际中央商务区关于高质量推进招商与服务一体化的实施方案"，打造形成以商务区管理委员会（简称管委会）为功能核心强化整体统筹、以属地区为责任主体强化落地服务的"1+4+4"工作体系，围绕国际商贸促进、核心产业发展、国际营商环境、重点平台保障四个业务轴，联动四个行政区，形成覆盖服务企业全生命周期的工作模式，不断提升招商服务一体化的规范性和有效性，进一步形成商务区投资促进工作合力。突出重点领域全力推进产业链和四大核心功能定位，持续加大"走出去""引进来"招商频率，并充分发挥大虹桥创新核心要素枢纽优势、科创企业集聚优势、各片区产业发展特色优势，加快培育吸引高能级总部企业和新赛道领军企业，推动商务区高质量发展迈上新台阶。

专栏 1-1 ▶▶▶

虹桥国际中央商务区关于高质量推进招商与服务一体化的实施方案

1. 强化投资促进顶层设计

建立商务区投资促进工作领导小组。下设领导小组办公室，承担领导小组日常工作。

2. 构建"1+4+4"综合工作体系

做强一个业务枢纽。制定年度经济发展以及招商引资计划目标，开展阶段性成效评价，在各类工作中"总牵头、总协调、总负责"。

筑牢四个业务主轴。重点是"商贸会展、产业生态、专业服务、核心CBD城市更新"四个业务主轴。

联动四个行政区域。闵行、长宁、青浦、嘉定四区政府投资促进牵头部门负责配套招商政策，承担重点项目推进落地和重点企业服务保障职责。

3. 建立招商协同"五机制"

建立"工作例会机制、成效评价机制、协调督办机制、首接报备机制、跨区统筹机制"五项机制。

4. 创新招商引资"八举措"

创新"产业招商、平台招商、场景招商、活动招商、招投联动、会展招商、伙伴招商、人才招商"八项举措。

5. 打造精准服务"五抓手"

综合施策用好"建立重点企业'分类库'、定制重点企业'服务包'、做好重点企业'大走访'、促进重点企业'对对碰'、形成资源要素'全赋能'"五项抓手。

6. 不断提升招商服务一体化的规范性和有效性

建立招商引资自律公约，全面做好招商政策两级评估，并开展招商人员专项培训，加快建立具有国际视野、产业深度和服务意识的招商队伍。

二、"走出去"招大引强

商务区汇聚闵行、长宁、青浦、嘉定四片区招商服务合力，聚焦商务区产业定位和核心功能招大引强，先后赴常州、天津、苏州、合肥、深圳、宁波、厦门、重庆等城市，以及新加坡、南非、法国、日本、德国等国家开展招商推介和走访调研，累计举办企业家圆桌会等境内外招商活动20余场，吸引近400家企业参会交流，不断跑出加速度、扩大朋友圈。

（一）加强与各地民营企业家合作共享机遇

2024年3月5日，以服务专精特新企业为主题的企业家圆桌会在天津举办。会议期间向企业家全面介绍了商务区的战略定位、发展优势、重点产业布局等内容，并与30余名参会企业家进行了深入交流互动。商务区管委会和嘉定区政府分别作主题推介，毕马威并购交易咨询服务合伙人围绕"中国企业海外投资并购新趋势"主题作细致宣讲，分享成功案例，为企业走出国门出谋划策。通过此次圆桌会，积极传递虹桥声音，推动沪津两地企业联动，助力优质中小企业享受虹桥发展红利，服务更多专精特新企业走进长三角，落地大虹桥，实现企业跨越式发展。

7月17日，围绕生产性服务业、低空经济和新能源等新兴产业的长三角企业家圆桌会在宁波召开。会议围绕商务区得天独厚的区位优势、国家战略叠加赋能的政策优势、国际资源汇聚的环境优势和颇具国际竞争力的人才优势，以及商务区为本土企业出海发展国际化赋能的服务功能，向参会企业家们进行全面推介，并为民营企业家拓展功能、扩大市场与国际化发展提供了新的建议与思路。通过此次企业家圆桌会活动，数益工联、威斯巴特、新算技术等重点企业明确表达了来商务区设立办公场所的意向。

10月23日，以长江经济带产业集群实现良性双循环为主题举办的企业家圆桌会在重庆举办。商务区管委会以及闵行区、嘉定区投资促进服务中心分别做专题推介，与会企业代表们也分享了各自企业的发展历程和成功案例，为参会者提供了宝贵的商业智慧和启示。同时，博腾药业集团、澳海控股、涧海股份、深科技、重庆信创、金科智慧服务、宗申集团、忽米网等与会企业代表就企业出渝拓业模式及产业需求等议题进行了深入交流，并对商务区的产业优势、人才优势、交通优势表达了浓厚的兴趣，期待与商务区有更进一步的交流合作。

（二）积极向境外优秀企业家推介虹桥机遇

9月2日（当地时间），"共享虹桥机遇——德国投资推介会"在慕尼黑成功举办，来自中国驻慕尼黑总领馆、佛劳恩霍夫协会、西门子研究院、TüV南德意志集团等近50位机构和企业代表参加会议，商务区管委会党组书记、常务副主任钟晓咏出席并作商务区整体情况推介，指出商务区是上海对内对外双向开放的重要区域，当前长三角一体化、进博会、虹桥国际开放枢纽等多重国家战略叠加，赋予了虹桥服务上海乃至长三角更高质量发展的特殊功能，商务区围绕创新引领、功能打造和国际化赋能，全面推动商务区高质量发展，一个集"活力、开放、创新、品质"为一体的国际化中央商务区蔚然成形。虹桥可以成为连接上海与慕尼黑两座伟大城市的纽带，可以架设联通中德两个伟大国家的彩虹桥。推介会上，虹桥海外发展服务中心（德国）正式揭牌，标志着虹桥支持长三角企业"走出去"的海外服务网络不断拓展；推介后，代表团还与上汽、蔚来、复星等中资在德企业召开闭门会，探讨了虹桥如何更好服务长三角企业走进德国市场。

图1-1　2024德国慕尼黑上海虹桥国际中央商务区投资推介会

2024年,商务区还与市商务委在南非约翰内斯堡共同举办"投资上海·共享未来"海外行系列活动,来自使领馆、南非贸工部、南非工商界、商协会和当地企业的代表近50人参会。商务区管委会作专题推介,介绍了虹桥国际开放枢纽的区位优势、产业特色、营商环境及进博会的相关情况,发出欢迎全球企业和人才来沪发展的热烈邀请。

商务区还在日本大阪举行"共享虹桥机遇——上海虹桥国际中央商务区推介会",日本机构和企业代表近30人参会。商务区管委会围绕"活力虹桥""开放虹桥""创新虹桥""品质虹桥"四个方面作主题推介,全面介绍了商务区打造长三角强劲活跃增长"极中极"、建设全球协作共享大平台、加速布局新质生产力、彰显一流国际化中央商务区软实力的发展成果,并受到了日本企业家们的高度评价。

三、系列高能级投促活动

(一)组织"潮涌浦江·投资虹桥"招商推介专场活动

7月30日,"潮涌浦江·投资虹桥"活动暨2024虹桥国际中央商务区投资促进大会在国家会展中心(上海)举行。大会旨在进一步打响"投资虹桥"发展品牌,商务区做主题推介,青浦片区做产业化项目专题推介,闵行、长宁、青浦、嘉定四片区聚焦新能源、生命健康、航空服务、信息服务等领域签约了8个重点项目，中国进出口银行、中国信保、工商银行、中国银行、建设银行、交通银行、浦发银行、上海国投、海通证券等9家金融机构签约建立新一轮合作机制，围绕企业出海、丝路电商和重点产业提供专项信贷额度4 000亿元，集中赋能商务区企业出海。商务区管委会党组书记、常务副主任钟晓咏出席会议作商务区发展情况推介，指出商务区作为虹桥国际开放枢纽的核心承载地，正按照党中央和市委、市政府的决策部署，围绕创新引领、功能打造和国际化赋能，用好改革开放关键一招，在因地制宜加快布局新质生产力中快速提升商务区经济能级，在进一步扩大国际合作中不断提升商务区开放能力，全面推动商务区高质量发展。一是活力虹桥，打造长三角强劲活跃增长"极中极"；二是开放虹桥，建设全球协作共享大平台；三是创新虹桥，布局新质生产力加快集聚发展；四是品质虹桥，彰显一流国际化中央商务区软实力。

大会以支持企业国际化发展为主题，推出商务区支持打造企业"走出去"服务高地政策清单，成立以毕马威、香港贸发局、渣打银行、上海外服、金杜律师事务所等71家机构为核心的"走出去"专业服务机构联盟，长三角"一带一路"高质量发展促进会也在会上正式揭牌成立。时任上海市政府副秘书长刘平出席会议并为"虹桥海外发展服务中心"揭牌。

图1-2　2024虹桥国际中央商务区投资促进大会

本次大会吸引了英国、德国、新加坡、瑞士、新西兰、荷兰等国家的经济组织、浙江商会、安徽商会等长三角商协会，以及商务区重点企业、专业服务机构、金融服务机构、中央和市级媒体等各方代表参加。近30家中央和市级媒体对本次大会进行了关注报道，其中，《人民日报》、新华社、央视新闻重点围绕商务区打造企业"走出去"服务高地、形成多项重磅举措等方面进行报道；《国际金融报》《经济日报》及中国新闻网、中国城市网、中国小康网、中国发展网等共同聚焦投资促进大会盛况，展示商务区发展成就；SMG上海电视台新闻频道、东方卫视分别播出大会现场实况，并采访中特生命健康、徕卡生物科技等重点项目，展现虹桥机遇；《文汇报》《新民晚报》聚焦"引进来"和"走出去"功能，以及虹桥海外发展服务中心，展现商务区高质量发展"加速度"；上观新闻、东方网、第一财经及《青年报》专题报道了商务区重点布局的五大战略新兴产业，一批重点项目签约，以及打造企业"走出去"服务高地、推出一系列政策"干货"举措。海外社媒的报道浏览量达3.3万人次。

（二）举办系列投资促进活动

2024年，商务区会同四片区及相关机构，先后举办"投资前湾·长三角在沪商会看虹桥""行业无界·连通未来——毕马威未来行业50年度论坛""创新驱动·低碳未来——新能源科技企业50榜单年度盛典""汽车行业峰会暨第七届汽车科技50榜单发

图1-3 重点项目签约

布会""侨连五洲·沪上进博——欧洲华侨华人妇女代表访问团走进'大虹桥'""聚力医药创新　产业向新而行""全联医药业商会四届二次理事会暨西虹桥商务区医药产业发展论坛""新起点　新征程——中国民协专精特新专委会乔迁仪式""法国青年企业家中国行""第六届长三角商业创新大会"以及晨哨集团"智能汽车企业家圆桌会"等活动，聚合各界力量形成助推区域经济发展的澎湃动力。

6月20日，"跨国公司企业家圆桌会·虹桥"活动在青浦片区举办，来自GE医疗、杜邦、拜耳、可口可乐、葛兰素史克、汉堡王、渣打银行等20多家跨国公司的企业代表参加。商务区管委会相关职能处全面介绍了商务区不断创新和优化营商环境，推进高效率的制度开放，拓展多层次的政策配套，充分发挥资源及区位优势，全力支持海内外企业在中国有更长远、更长足的市场和机遇等方面的情况。会议交流期间，跨国企业代表分别分享了公司现状、赛道布局以及对未来发展的体会及思考，并对投资虹桥、实现合作共赢充满了热切期盼。

9月23日，"上海虹桥国际中央商务区投资推介会·德国企业专场"活动在闵行片区举办。活动吸引了KTW科技有限公司、西尔弗斯有限公司、弗劳恩霍夫IWM研究院等来自德国的近20家知名企业走进虹桥，涉及领域包括低空飞行、医疗器械、新能源、新材料、人工智能等，在展示商务区外资发展优势的同时，助力虹桥链接全球科技创新与人才资源。活动还邀请了区内产业链上下游企业品峰医疗、沃兰特、晶科能源、威高（上海）国际研究院等参加。活动中，参会德国企业就企业择址、产业政策、企业发展规划、上下游产业链企业集聚、知识产权保护、德国企业解决方案等相关问题展开沟通交流。

四、投资虹桥品牌效应

（一）"走出去"专业服务功能加速集成

虹桥海外发展服务中心加强各方合作，拓展服务网络。一是与中信保合作，在8月6日举办"2024年度高质量共建'一带一路'政策宣讲会"，为企业"走出去"项目提供高质量金融服务，参会企业超100家。二是与伦敦发展促进署合作，于9月22日举办"生命科学　伦敦机会"出海论坛。

"走出去"专业服务机构联盟的成立以及相关政策的发布，进一步坚定了各专业服务机构立足虹桥、深耕发展的信心。中信保、中国银行等立足虹桥完善专项配套政策，做好金融赋能和风险保障；上海国际展览有限公司积极组织企业参与他们的海外自办展和海外相关行业重点展会;金杜律师事务所积极提供跨境并购、合资和投资等法律服务,帮助企业在"走出去"过程中避免法律风险;中保华安立足虹桥不断提升自己的服务水平,把最好的服务、最优的价格提供给"走出去"企业;21世纪晨哨积极利用"大虹桥全球投资并购在线项目库"拓展海外项目渠道和海外合作伙伴。

(二)国际合作与投资促进不断强化

新加坡企业中心依托新加坡中华总商会的资源和网络,以"大虹桥"为平台为中新企业合作牵线搭桥,共同开发第三方市场,助力中国企业国际化发展;荷兰华人经济技术发展中心正助力国内企业布局荷兰,帮助有"走出去"需求的企业建立与驻华使领馆的联系;瑞士中心与上海有关部门合作,共同在瑞士举办一系列投资促进主题活动,帮助有意在瑞士拓展业务的国内企业提供服务与支持。

在"大虹桥"的功能赋能和政策支持下,商务区相关企业加快产业升级转型步伐,深化与国际知名企业和机构的合作,共同拓展国际市场,实现互利共赢。全球知名企业丹纳赫医学诊断平台旗下的徕卡品牌,已选择在商务区设立中国区战略总部。这一总部不仅承载销售、运营、市场战略及研发等多重功能,更体现了徕卡对商务区优越营商环境的认可。

第三节　重大项目

商务区聚焦重大项目建设，积极推进一系列重点项目签约落地，以重大项目为抓手，加速区域产业结构升级与经济高质量发展，不断强化产业聚集效应，提升国际化水平和综合竞争力。

一、总控计划

依据《上海市促进虹桥国际中央商务区发展条例》《关于进一步优化完善虹桥国际中央商务区管理体制机制的若干意见》等，为统筹商务区开发建设计划、做好建设时序管理，由管委会会同闵行区、长宁区、青浦区、嘉定区政府，以及地产集团、机场集团共同编制商务区2024年度土地储备、土地出让、重点政府投资项目和重大社会投资项目实施计划。

（一）年初计划

商务区2024年度总控计划共列入136个建设项目，总投资1 485.12亿元，年度计划完成投资290.45亿元，较2023年全年实际完成投资（294.36亿元）减少1.3%，其中：重点政府投资项目年度计划完成投资33.3亿元，较2023年实际完成投资（40.84亿元）减少18.5%；重大社会投资项目年度计划完成投资257.15亿元，较2023年实际完成投资（253.52亿元）增加1.4%。列入土地储备计划10幅，储备面积29.24万平方米，较2023年实际储备面积（26.4万平方米）增加10.8%；列入土地出让计划36幅，出让面积81.62万平方米，较2023年实际出让面积（48.6万平方米）增加67.9%。

相关片区加大投资落地和项目推进工作力度，其中：闵行片区引入高科技电子企业"赛意信息"，规划建设赛意信息华东研发总部，总投资约4亿元，助力商务区打造数字经济新高地；引入科技创新发展企业"新易腾"，规划在南虹桥建设上海新易腾总部基地，总投资超3亿元。青浦片区引入"波司登"，规划在西虹桥建设波司登总部基地，总投资约11亿元；引入医疗器械领域龙头企业"惠泰医疗"，规划在西虹桥设立总部基地，总投资3亿元；引入美庐生物科技公司，拟打造美庐全球研发中心，总投资约

图1-4 恒力（上海）新港国际中心项目效果图

7亿元。引入中国民用涂料第一股"三棵树"，拟建设三棵树上海中心，打造全球营销中心及国际化平台和事业部总部。

（二）年终完成

2024年，商务区总控计划累计完成投资额从2020年的194.8亿元提升至2024年的283.5亿元，年均增长率为9.1%，总体呈上升态势。

从主体看，社会投资"扛大旗"。重大社会投资项目2024年全年完成投资238.7亿元，投资额较2020年（134.70亿元）相比增长77.2%，占总控计划全口径投资比重由2020年的69%提升至2024年的84.2%。

从领域看，产业项目"撑半壁"。2020—2024年，总控计划中产业类项目投资快速增长，年度投资额由81.2亿元增长至172.2亿元，年均复合增长率为20.7%。落地信达生物、先声药业、正大天晴、东软科技、华峰、威高、电竞中心、中核科技园、美的、联影医疗等一批优质产业项目，单个项目平均投资超30亿元。

从区域看，四个片区表现分化。闵行、长宁、青浦、嘉定片区2020—2024年累计完成投资分别为336.31亿元、262.92亿元、325.56亿元、162.81亿元，占商务区投资比重分别为26.7%、20.9%、25.8%、12.9%，其他实施主体（地产集团、机场集团、申铁公司、市疾控中心等）占比13.7%。总体来看，近几年来闵行片区在重大产业项目拉动下投资额增长明显，长宁片区平稳增长，青浦片区由于部分项目进度滞后使得投资有所下滑，嘉定片区在动迁安置房等项目支撑下投资持续提升，但体量上仍显薄弱。

二、重点项目

（一）信达生物制药集团全球研发中心项目

信达生物制药集团全球研发中心项目位于虹桥前湾地区，是上海市"1+5+X"生物医药产业布局的、闵行区千亿元级生物医药产业集群的重要组成部分，先后被评为上海市重大产业项目、上海市重大外资项目、上海市重大工程项目。

项目占地面积37 066.67平方米，总建筑面积约17万平方米，总投资15.05亿元，

图1-5 信达生物制药集团全球研发中心项目效果图

项目于2021年1月开工,2023年4月2日结构封顶,2024年8月底竣工并开业运营。这是虹桥前湾片区首个拿地、首个开工、结构封顶和竣工验收的项目。

信达生物制药集团全球研发中心投入使用后,将致力于肿瘤、代谢、免疫、眼底等领域全球创新药物研发,打造全球领先的融科学研究、技术应用为一体的新药研发中心,为上海打造成为辐射长三角、服务全中国、链接全世界的生物医药产业创新示范高地贡献力量。

(二)春秋航空总部

春秋航空总部项目于2020年10月开工建设,2024年1月顺利竣工,并于11月26日正式启用。该项目总投资约13.6亿元,总建筑面积约4.3万平方米,包括地上7层、地下3层,其中办公面积3万平方米左右,是原有总部面积的3倍,主要承担春秋航空运营中心、控制中心、经营中心、机务签派等功能。

该建筑被地下穿行的10号地铁分割为南北两区,地上通过连廊相接,设计上采用层叠屋面,形成立体、多级屋顶绿化平台,成为虹桥机场东片区新的地标之一。同时,春秋航空工匠学院挂牌成立,着力建设一支符合航空产业发展需求的高素质、高技能

图1-6 春秋航空总部办公楼

人才队伍，助力企业长远发展。成立后的工匠学院将重点完善专业人才培训体系，以春秋航空现有教员为基础，吸纳行业专家，构建师资队伍；建立人才数据库，开展技能竞赛，挖掘优秀人才，培育劳模工匠，打造劳模工作室；将研发和完善航空服务业相关课程和管理课程，依托人社技能等级评价工作机制，开展技能培训和考核，助力公司职工获取符合国家标准的职业等级。该项目的正式启用展现了春秋航空在自身业务发展中的战略布局。

（三）美的全球创新园区

上海美的全球创新园区项目位于商务区国家会展中心西侧，东至蟠龙港、西至沈海高速、南至盈港东路、北至徐民路。项目总建筑面积40万平方米，包括地下3层和地上10层，最大建筑高度62.55米。采用创新的建筑理念，将自然与科技完美融合，集研发办公、高端商务、酒店住宿、运动中心、商业中心等多功能于一体，致力于打造智慧园区的示范标杆，宛如一座科技与自然相融的"科技公园"，在"大虹桥"展露新姿，构筑起长三角"大科创"新空间。

园区集高端商务、研发办公、森林景观和共享空间于一体，汇集节能环保、新

图1-7　美的全球创新园区

型材料、人工智能、信息技术等科技产业，将作为美的集团上海总部基地，面向全球引进万名高端研发人才，规划导入工业互联网、智能制造等九大领域的研发板块，并持续发力基础技术、人工智能、用户研究和智慧供应链的创新应用与开发，进一步升级美的全球研发体系，与佛山美的全球创新中心、日本研发中心、德国研发中心、美国研发中心、意大利研发中心等海内外30余个研发中心合力，发挥全球创新的规模优势，驱动美的未来10年甚至更长远的发展，助力打造上海数字化、智能化发展新高地。

（四）临港嘉定科技城（一期）项目

临港嘉定科技城（一期）项目位于虹桥国际开放枢纽核心区北虹桥板块，作为上海"3+5+X"重点区域、"X"板块整体转型园区项目，同时是临港集团和嘉定区"区区合作、品牌联动"的首发项目。项目依照"生产垂直化、产研一体化"的理念设计建设，围绕"生命·科技"主题，聚焦生命健康、智能制造、在线新经济三大产业领域，积极推进工厂和楼宇的交叉融合生态，探索破题先进制造业集聚发展的新方向，大力推动城市工业经济"纵向生长"。

项目东至金园一路，南至洮阳路，西至东沙江，北至南虬江，占地约5.2万平方米，总建筑面积约23万平方米。项目于2021年7月开工，经过三年的建设，于2024年9月竣工。项目分为商务办公、科技研发以及总部办公三大区域，共计14个单体。商务办公区的大楼内部装修已经基本完成，各楼层均采用大空间平面布局，可根据需求按办公、会议、展厅等功能灵活分割。其中，园区B1栋二层建有一个约1 100平方米、可容纳约300人同时就餐的数字餐厅，融合芯片识别、光学识别、图像识别等多种技术，可以给员工带来无人化、无感化支付的就餐体验。同时，园区还规划了书局、商务茶社以及运动休闲健身生活等场馆丰富配套设施，提供具备商务会展、运动休闲、报告路演等功能的多元化共享空间。

为了能吸引到更优质的企业，并且能让企业"留得住"、形成产业快速集聚，提出了"基金+基地、科创+产业"的产业发展和科创服务概念，为有资金需求的科技研发类企业搭建平台，以解企业的燃眉之急。园区集聚众成数科、家臣慧采、优云服、北虹之云等多个科技、金融、医疗、在线新经济等领域头部企业的签约入驻。同时，还有多个领域的领军企业和园方进行有意向性的接洽。

（五）龙联路跨小涞港桥

2021—2022年，闵行区内华涞路、龙联东路、兴虹西路等道路陆续建成，西侧青

图1-8　龙联路跨小涞港桥

浦区龙联路也已建成，未建成的小涞港桥的阻隔，给周边居民出行带来了极大不便。为方便两区居民出行，经闵行、青浦两区协商，由闵行区交通委牵头龙联路跨小涞港桥建设。龙联路跨小涞港桥新建工程呈东西走向，东起闵行区的规划小涞港桥东侧接坡（与已建龙联东路接顺），西至青浦区的涞港路（与已建龙联路接顺），全长约178米，为双向2快2慢四车道，设计车速为30千米/小时。

项目于2023年底开工，2024年10月正式通车，是闵行"十四五"期间首条完工的区区对接道路。项目的建成通车，不仅联通了小涞港两侧，增强两区之间的交通连接，有利于提升国家会展中心周边交通服务水平；也进一步完善了商务区的区域路网系统，促进区域地块开发和建设。同时，对打破小涞港的阻隔，满足群众出行需求，提升商务区闵行片区和青浦片区居民、单位的往来便利具有重要意义。

第四节　产业生态

商务区结合自身经济发展特色，致力培育新质生产力，通过出台专项支持政策，推进高能级项目快速布局落地，不断提高优势产业的集聚度、显示度、竞争力。同时，进一步深化产业链合作，鼓励载体资源聚焦大科创功能，打造若干个高集聚度和高显示度的特色产业园区，营造创新创业氛围，培育一批商业模式新、运行机制灵活、资源聚集度高、全国影响力强的孵化器，不断形成新兴产业加速集聚发展良好态势。

一、培育构建重点产业集群

（一）加快主题产业园区打造

商务区聚焦低空经济、人工智能、生物医药等重点产业，充分发挥龙头企业和产业关键人作用，推动打造虹桥低空经济产业园（长宁园、青浦园、闵行园）、东虹桥智能机器人产业园等重点项目，落地了航天九院、吉客地空、中科云图、中坚智氪智能等一批重点企业。积极推进威高国际医疗器械产业园、百度智能云千帆大模型（闵行区）创新中心、质检技术服务集聚区、广告特色产业园区等项目落地。持续推进重点产业园区做大做强，其中"虹桥之源"在线新经济生态园全年营收3 438.21亿元；虹桥国际创新医疗器械产业园发挥瑛泰医疗链主企业优势，集聚了一批优质企业；虹桥国际会展产业园累计集聚英富曼会展等龙头企业426家，以特色产业园区为中心，充分发挥虹桥区位优势、政策优势，在招商引资过程中形成集聚效应，不断扩大产业规模，培育打造航空+低空、生物医药、数智产业等产业集群。

（二）推进重点产业项目和平台加速落地建设

围绕生物医药、数字经济等重点产业方向，南虹桥前湾片区14个项目加快建设，其中信达生物全球研发中心已分批入驻，威高部分楼宇已顺利完成分期验收，云南白药、华峰、卓然实现结构封顶，赛意、新易腾项目实现开工；东虹桥在生命元山挂牌长宁区生物医药注册指导服务工作站和化妆品注册备案咨询服务工作站，首次实现"两站"融合，明显缩短企业备案流程；西虹桥美的集团上海总部基地建设持续推进；北虹桥蓝科、雅运等5个产业项目竣工投产，完成聚升、华瑞时尚等5个总部项目的产业准入和2个项目的土地出让，推动江苏国泰、康德莱耗材等10个研发总部项目施工。随着一批批重点产业项目和产业功能平台建设加快推进，产业集聚效能和对外辐射能力加速升级。

二、布局低空经济新赛道

商务区充分发挥多重国家战略叠加的政策优势、双向开放带来的腹地优势、综合交通枢纽催生的流量优势，锚定低空经济新赛道，发挥核心牵引作用，打造低空经济核心承载区，协同联动北向拓展带、南向拓展带，共同推进低空经济创新发展，构建全国低空经济发展标杆性引领性的区域。

（一）编制商务区低空经济发展三年行动计划，强化顶层设计

2024年3月，管委会会同4个片区对商务区发展低空经济的优势条件、资源禀赋和产业基础详细调查摸底，共同研究低空经济发展目标、产业布局和推进举措。同时赴苏州市和嘉兴市充分沟通协商合作联动事宜，赴深圳考察学习，先后召开政府部门闭门会和企业座谈会，广泛听取意见建议，编制形成了《关于加强虹桥国际开放枢纽区域联动发展打造低空经济核心承载区的行动方案（2024—2027）》，明确了构建低空经济"3+4+5+N"发展格局："3"即全产业链条、全行业领域、全应用领域；"4"即协同规划基础设施、协同配置航线资源、协同激发市场需求、协同完善运行管理；"5"即创新产业政策、创新运营管理、创新科技研发、创新应用拓展、创新服务保障；"N"即若干个低空经济科技成果孵化器、加速器、特色产业园区等平台和载体。行动方案围绕优化低空基础设施建设、构筑低空设计制造产业链、完善低空经济技术创新体系、建立安全监管及运行服务保障体系、打造全国低空飞行应用创新示范、打造低空经济区域联动发展标杆等6个方面，提出了22项具体工作措施，全方位高质量推进虹桥国际开放枢纽低空经济创新发展。

（二）制定促进低空经济高质量发展支持政策，引育高能级市场主体

结合商务区专项资金管理办法，在深入研究全国各地低空经济扶持政策的基础上，管委会多次召开座谈会听取相关企业、运营航司、行业协会和四个片区的意见建议，制定了《虹桥国际中央商务区关于低空经济高质量发展的支持政策》。重点从培育壮大低空经济主体、完善低空经济基础设施建设、加大科技创新力度、支持低空经济应用消费落地、优化低空产业发展环境5个方面，明确了16项具体支持政策。政策总体支持力度在全国各省市中属于较高水平，特别是在总部经济培育、产业园区集聚、科技

研发创新、航线开通运营等方面，支持力度较大。通过政策赋能，进一步吸引集聚重点企业和重大项目，不断提升产业能级，激发产业发展动能。

（三）打造虹桥国际低空经济产业园，构建低空产业生态集群

管委会会同长宁区和青浦区，选取两个园区共4万多平方米优质载体空间，共同研究制定低空经济产业园建设方案。目前虹桥国际低空经济产业园（长宁园）和虹桥国际低空经济产业园（青浦园）已揭牌。闵行园正加快推进中，已会同东方国际形成初步建设运营方案。积极推进虹桥品汇、国家会展中心等地规划建设起降设施，加快设施网和航路网建设。通过认定授牌和专项支持政策，引导低空领域企业向园区集聚，构建低空上、中、下游产业链和生态圈，打造未来低空总部集聚区和创新策源高地，形成"东西齐发"的格局，已有一批研发、基建、运营、服务企业和行业协会意向入驻。

（四）举办虹桥低空经济研讨会，持续扩大市场影响力

进博会期间，商务区管委会与市经信委共同主办"低空经济新篇章 虹桥枢纽新动能"研讨会。会上，虹桥、苏州、嘉兴、芜湖四地开展了虹桥国际开放枢纽低空经济协同共建签约，发布了虹桥国际开放枢纽城际低空试验航线，签约了一批重点企业项目。同时，邀请吴光辉院士等专家学者进行主旨演讲，并与重点企业嘉宾进行互动讨论。

图1-9 低空试验航线发布会现场

这次活动是将推进低空经济战略性新兴产业发展与贯彻虹桥国际开放枢纽建设国家战略紧密结合的尝试，也是一次跨省市协同联动推进低空经济发展的有益探索，体现了上海的龙头牵头和示范作用，受到了江苏省、浙江省、安徽省参与城市的赞誉和好评。中央电视台、东方卫视等10余家主流媒体，以及中国民航、飞行邦等20余家专业媒体纷纷报道，社会反响较好。

（五）招引重点企业，加快集聚低空领军企业

2024年，管委会会同闵行区、长宁区、青浦区、嘉定区政府积极协调企业布局商务区，并多渠道对接航天九院、亿航智能等低空相关产业链重点企业，包括以时的科技、御风未来等为代表的eVTOL整机生产制造企业，以华夏飞滴、华龙航空、新空直升机等为代表的通航运营企业，以圣翔航空、绿飞航空等为代表的低空新基建建设运营企业，以中科云图、吉客地空等为代表的系统研发企业，以及云峰科技、法国G1等低空相关产业链企业50余家，其中有8家已经在11月6日的虹桥论坛低空经济研讨会上签约。

三、加快区域科技创新联动

（一）加快推动数字化转型行动

按照市政府统一部署，商务区管委会会同闵行区、长宁区、青浦区、嘉定区政府制定《虹桥国际中央商务区全力创建生产性互联网服务平台示范枢纽的实施方案》，明确到2025年，培育3家以上具有全球影响力、资源配置力和创新驱动力的生产性互联网服务平台龙头企业；集聚10家以上具备产业链、供应链、价值链整合能力的高成长性企业；培育若干"小型化、快速化、轻量化、精准化"的数字化系统解决方案和产品；打造"平台+园区"融合发展特色，争取1—2个国家级和市级平台落地，形成以数字化转型示范和专业服务为特色的生产性互联网服务平台示范区，成为链接长三角城市群、"一带一路"沿线重要城市和上海国际贸易中心新高地。

聚焦数字化转型和专业服务，培育应用场景，如引导虹桥国际咖啡港与亿通合作打造线上贸易平台，推动云上会展利用阿里云计算、大数据、人工智能技术加快会展产业链数字化转型，支持打造以物流仓储为特色的上海虹桥数字供应链集聚区集采平台等。支持InnoMatch通过长三角技术市场协同一体化机制，联动33个国内技术转移分中心、长三角300余家服务机构和海外11个分中心，累计主办、引进国际大型技术转移展会论坛12场，主办、承办科技成果路演对接会51场，上线发布超1万条需求信

息，成功撮合实现近135项科技创新合作，协同网络内机构直接促成国际技术转移项目交易额11亿元，引入多家高新技术企业落地商务区。通过市区两级有力推进，商务区已集聚和引育了一批高能级主体，一批阶段性成果日益展现。

（二）加快科创策源主体导入

推进落实"长三角全国重点实验室"合作签约有关内容，商务区积极对接市科委、市发展改革委，在虹桥国际开放枢纽2024年工作现场会上，完成了虹桥国际开放枢纽国家重点实验室与企业开展基础研究和技术攻关合作签约，推动美的"蓝橙实验室"、北斗导航与位置服务重点实验室、中科院微系统所等重点实验室资源的导入。同时，组织召开4个片区座谈会，排摸国家重点实验室、工程技术研究中心在商务区内布局，围绕高能级科创主体导入、商务区公共实验室和科技创新开放平台建设机制等方面研究讨论具体措施。推动临港嘉定科技城整体转型升级，新增有效纳税企业115家，其中：科技型企业28家；北虹之云市级孵化器累计入孵企业60家，2024年新增入孵企业27家，另有3家入孵中，培育独角兽企业1家；海医荟运营主体已成立，将于2025年正式开园运营。依托北斗西虹桥基地启动上海市天地一体通信导航融合创新中心建设。

图1-10　北斗西虹桥基地

支持华山医院西院脑科学前沿实验室进一步提升科学研究水平，聚焦脑机接口、认知评估等前沿研究方向，加强科研成果转化能力。用好前湾地区预留用地资源，重点引进复旦大学上海医学院等高能级策源平台，通过复旦大学上海医学院虹桥院区项目拟承载的研究生培养、医学科研机构等功能，全力打造"产、学、研、用"一体的新时代高等教育改革发展试验区。依托南虹桥科创园，用好张江科技园区政策，进一步集聚一批高新技术企业和专精特新企业。

（三）加快推进科技创新平台建设

充分发挥进博会汇聚全球创新产品和创新技术优势，积极引进上海技术交易所长三角科创服务中心、中国联通长三角创新研究院等科创平台，鼓励龙头企业设立开放式创新平台，不断提升区域"大科创"能级。商务区科学研究和技术服务企业达2.18万家，特别是以重塑能源等为代表的研发、生产以及产业投资一体化联动的创新平台，规模不断做大、创新带动能力不断增强。在第六批国家级专精特新"小巨人"企业名单中，位于商务区的上海其胜生物制剂有限公司、上海赛傲生物技术有限公司、上海民航华东空管工程技术有限公司和上海鸣啸信息科技股份有限公司获正式认定。在2024年度上海市科技小巨人（含培育）企业综合绩效评价中，位于商务区的上海仪耐新材料科技有限公司、上海联适导航技术股份有限公司、上海川土微电子有限公司、上海埃林哲软件系统股份有限公司、上海晶众信息科技有限公司、上海京济通信技术有限公司共6家科技小巨人（含培育）企业通过考核。

7月25日，"虹桥医芯·产融互动"——首届虹桥前湾国际高端药械创新产业论坛暨NICE-威高联合创新中心揭牌仪式，在商务区闵行片区举行。论坛上，"NICE-威高联合创新中心""非凡威恒药械技术创新中心"和"非凡生命科学（虹桥）国际科创教育基地"正式揭牌成立，旨在支持威高云行智创园医械创新发展平台的技术研发、技术应用、技术转化等医械创新创业项目，推

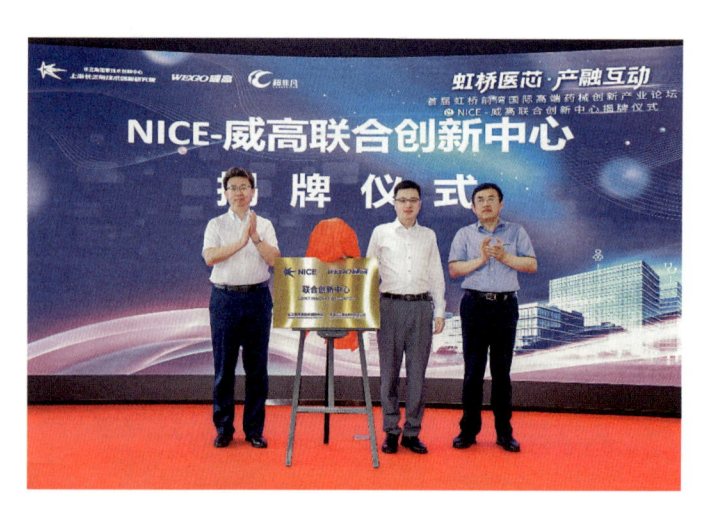

图1-11　NICE-威高联合创新中心正式揭牌

进构建联合创新体。

四、助力各片区产业园区蓬勃发展

以最优质的载体空间、最完善的产业政策、最完整的产业生态，推动各片区打造一批产业影响力大、集聚度高、显示度强的特色示范园区，加快形成集聚效应。

虹桥国际在线新经济生态园（核心区）抢抓数字贸易、工业互联网、元宇宙等产业新赛道和量子信息等数字前沿技术突破，已集聚广联达、中创为、进宝汇等数字新经济企业700余家。

闵行片区大张江虹桥分园，总建筑面积近140万平方米。着力打造创新经济、数字经济和高端服务经济。已引入商务区企业服务中心、上海国际技术交易市场等功能性平台，集聚了震坤行、聚时科技、米拉车辆工程等近50家高新技术企业。

图1-12 大虹桥生命科学创新中心

长宁片区大虹桥生命科学创新中心重点企业加速集聚，产业生态日趋丰富。大虹桥生命科学创新中心已集聚生命健康企业1 100余家，多个功能载体呈分布式组团布局。创新中心锚定智慧医疗、计算机生命科学，培育壮大长宁大健康产业。园区已集聚了丹纳赫、赛傲、兰卫医学、迪辅乐等全球知名企业，打造智慧医疗产业园、医疗总部园等生命健康产业生态。

"虹桥之源"在线新经济生态园即虹桥国际在线新经济生态园（长宁片区），区域规划面积6.74平方千米。聚焦数字消费、人工智能、数字健康、数字出行四大领域打造特色园区，已集聚百秋、携程等3 400余家企业，其中，总部企业近60家、上市企业29家。

虹桥临空跨国公司（总部）科创园，总建筑面积7.29万平方米。科创园以智能系统、机器人、电器制造、精细化工、生物科技等行业为特色，已入驻IFF、贝克休斯等跨国企业30多家，其中包括9家世界500强总部、7家跨国企业研发中心等。

长宁西郊国际金融产业园，紧邻虹桥国际开放枢纽和临空经济示范区，由83栋别墅群组成，容积率0.24，绿化率75%。产业园聚焦金融服务，着力打造长宁虹桥财富管理走廊。入驻企业包括泉果基金、东航申宏、交银国际等知名金融企业，管理资金

图1-13　上海虹桥临空经济示范区

规模超500亿元。

青浦片区特色园区有西虹桥大会展/环国展总部商务区，区域面积约3.8平方千米，是上海国际会展之都核心承载区。聚焦会展产业，以现代总部社区理念打造上海西部世界客厅门户形象。已引进上海市会展行业协会、上海市国际展览公司、英富曼会展集团、中贸美凯龙、云上会展公司等215家会展企业，初步形成了场馆方、主办方、配套服务企业全产业链。

西虹桥大科创/科创智城发展区，占地面积约6平方千米，聚焦北斗产业和数字科创产业。作为国家火炬特色产业基地，北斗西虹桥产业基地已集聚上市企业"华测导航"等500家位置服务领域科技企业，形成垂直产业分工明确的创新产业集群。

西虹桥大健康/智慧健康创新区，占地面积约4平方千米。聚焦大健康产业，重点发展医疗器械、健康服务、智慧健康等细分产业。已入驻库克医疗、惠泰医疗、华润医药等知名企业。

青浦虹桥e通世界智慧物流产业园，总建筑面积10.16万平方米，聚焦现代物流快递特色产业，培育出了壹米滴答、则一供应链、安能物流、唯捷城配等新兴物流快递总部型企业，并聚集了运联传媒、其才网、浩创信息科技等物流传媒、物流人力资源、

图1-14 青浦虹桥e通世界智慧物流产业园

物流软件信息、物流智能硬件等上下游企业近百家。

嘉定片区产业园区有临港嘉定科技城，区域面积275万平方米。依托嘉定区政府和临港集团"区区合作，品牌联动"机制，聚焦科技、商贸和咨询三大重点行业，发展创新经济、总部经济和数字经济。已集聚太太乐、东锦、康德莱、重塑、雅运、派拉纶、恒时计算机等重点企业。

北虹桥城市更新片区（幸福片区），一期总面积167.85万平方米，重点打造"总部高地、新健康、新能源、新经济"产业集群，定位为北虹桥科创中心核心承载区、专精特新研发总部集聚区、科技产业商贸服务高地。

北虹之云科技创新孵化器位于临港嘉定科技城内，是上海市级孵化器。平台通过专业化运营形成一孵化器多基地格局，通过"平台＋基金＋产业服务"的服务体系，提供知识产权、科创金融、产业综合、科技孵化等服务，已集聚在孵在线新经济企业近20家。

嘉定虹桥国际创新医疗器械产业园，建筑面积约3.3万平方米，聚焦心内介入、神经介入、外周介入、骨科介入、泌尿介入、外泌体、高血压等医疗器械产业，以医-工联合创新理念建设集高端医疗器械研发、技术转化及生产于一体的具有国际竞争力的创新医疗器械产业园。

图1-15　虹桥国际创新医疗器械产业园

第五节　消费集聚

作为上海西片国际级消费集聚区，商务区社会消费品零售总额稳步增长，商业贡献度较高，吸引国内外商业品牌快速集聚。为了给来自世界各地的旅客提供更加友好舒适的购逛体验，充分展现国际消费集聚区效能，商务区出台相关便民举措，持续推进区内大型商业综合体品质升级、业态调整和消费便利化设施建设。推动上海荟聚等大型商业综合体正式开业，开展"五五购物节"等40余项重点消费活动，全力打响虹桥购物品牌。持续发挥虹桥天地、蟠龙天地等特色商业载体作用，推动核心区商圈升级和消费产业集聚，以政策引导"商旅文体展"联动。

一、便利化措施

结合"上海之夏国际消费季"等市级重大节庆活动以及枢纽商业特点，联动虹桥商圈联盟，优化现有的行李寄存箱、标识标牌、礼宾台等设施，发布"虹桥国际中央商务区八项友好消费服务措施"，为消费者提供更具国际化、规范化和便利化的商圈服务环境。

二、商圈能级提升

搭建商务区商圈合作交流平台，实现友好型商圈共建。上海西片国际级消费集聚区虹桥商圈联盟以"政府搭台、企业唱戏、共建共治"的工作思路，围绕商圈规划布局、业态模式、消费环境和管理机制的提升等方面，畅通政企服务渠道，推动商圈优质资源的交流与集聚。同时推举虹桥天地作为商务区商圈代表，作为副主任单位加入上海市商业联合会商圈发展专业委员会，发出"虹桥声音"。

商务区依托进博会、虹桥交通枢纽的叠加赋能优势，提升服务长三角联通国际的消费新平台功能，突出商业绿色化、数字化特色，建设上海西翼的对外商业门户枢纽。聚焦枢纽客群需求，优化枢纽和商圈联动。进博会期间发布商务区"进博消费H5地图"，通过互动性更强的线上平台集成14个商旅文体载体，使用者扫码打开地图即能查看附近促销信息，云逛进博消费好去处。

图 1-16　商务区进博消费地图

三、政策支持

2023年以来，商务区深入研究北京、深圳、广州、杭州等城市最新出台的相关政策，借鉴吸纳其亮点，并在充分征询市商务委和闵行、长宁、青浦、嘉定四区政府，以及相关企业意见的基础上，形成《虹桥国际中央商务区关于西片国际级消费集聚区建设的支持政策》。该政策主要包括9个方面，以支持商务区加快建设，深入推进国际级消费集聚区建设，进一步集聚高端消费资源，全面激发市场活力，推动现代商贸企业发展和消费品牌培育，引导各类商业消费空间健康有序发展，加速商旅文体展融合创新。

四、消费新地标——上海荟聚

上海荟聚大型商业综合体于2024年9月26日开业，作为英格卡集团在中国单体投资金额最大的项目，总建筑面积43万平方米，总投资金额高达80亿元。项目整体包含商业、宜家家居和荟聚办公三大部分，集购物、美食、娱乐潮流、文化艺术、健康养生、儿童及户外休闲空间于一体的多业态复合矩阵，打造出全年龄段友好的一站式生活聚会目的地，成为商务区现象级商业新地标。

上海荟聚的商业建筑面积达21万平方米，打造充满北欧风情的聚会体验中心，引入超312个品牌，其中首店及特别概念店占比约71%，包含23家全国首店、29家上海首店、77家区域首店、51家品牌旗舰店。

荟聚东北侧的宜家家居为大虹桥消费者提供一处距离更近、更易触达的宜家服务生活圈。2层的空间陈列提供了9 500多种设计精美、美观实用的家具及家居用品选择，消费者可在现场体验到更多关注年轻群体和有孩家庭的家居灵感。同时，结合宜家线上销售渠道，形成"一城四店"全渠道、全覆盖的统一市场。

荟聚之上的五栋办公楼是英格卡集团在中国甲级办公楼项目的第一次亮相，荟聚办公围绕"赋能共创空间、幸福指数办公、可持续发展社区、北欧美学氛围"四大产品理念，打造"以人为本"的北欧体验式办公，通过丰富的行业交流活动和灵活共享的空间布局，让办公场所成为一个灵感碰撞、资源共享的平台，助力企业伙伴的长期发展；同时，也让办公空间成为一个充满活力和幸福感的社区，依托上海荟聚和宜家

图1-17 上海荟聚大型商业综合体

家居，让入驻企业员工充分享受绿色出行、健康餐饮、便捷购物和品质健身等多样化的办公配套。

在空间设计和分区上，上海荟聚不仅将源自斯堪的纳维亚的北欧设计带到城市，以山脉、河流、森林等元素呈现于细节中，同时融合"感应生活"的理念，建有悠然荟、树屋乐园、萌宠天地、北欧小镇、峡湾广场等游逛休闲区，构筑与自然和城市共生的公共空间。通过北欧一日的独特理念融入，从户外草坪到空中花园，为顾客带来妙趣横生的聚会体验。

第二章 规划引领

2024年,商务区积极开展《虹桥国际中央商务区及周边地区专项规划》、"十五五"规划编制前期研究等工作,进一步放大规划引领作用。

第一节 专项规划

商务区经过多年发展,战略地位不断提升,主导功能逐渐显现。2023年2月4日,市委书记陈吉宁调研商务区,强调要"巩固放大国家战略任务叠加优势,进一步深化对战略内涵的认识,聚焦空间布局、功能平台、主导产业再提升再深化再优化,着力提高商务区的整体标识度和核心竞争力"。按照市领导工作部署,商务区管委会会同市规划资源局以及闵行、长宁、青浦、嘉定等相关部门单位,整体推进《虹桥国际中央商务区及周边地区专项规划》(简称《专项规划》)的研究和编制工作,初步形成了《专项规划》研究成果。

一、总体概况

专项规划根据《虹桥国际开放枢纽建设总体方案》和"上海2035"总体规划,突出战略导向,聚焦商务区151平方千米,组织相关规划、研究团队,深化专项规划方案编制研究,并同步开展综合交通、职住平衡、公服设施、产业发展、成本测算等专题研究,明确区域发展目标、空间格局和各专项领域重点,促进资源要素整合提升,把商务区打造成为落实虹桥国际开放枢纽和长三角一体化发展国家战略的主要空间载体。一是着力优化提升区域整体格局。充分发挥商务区进博会和虹桥交通枢纽的辐射带动效应,统筹优化商务区和上海西部近郊地区的空间格局和功能,强化提升资源和用地利用效率，系统完善交通组织、生态网络、产业体系、住房和公共服务等功能。二是聚焦商务区规划深化。对标"国际化中央商务区、国际贸易中心新平台和综合交通枢纽"的功能定位要求，强化对商务区151平方千米区域内优功能、补短板、强特色，突出集约、紧凑、功能复合和组团式布局，同步开展规划深化和经济效益分析。三是集中提升核心区功能和整体标识。以城市更新为抓手，加强核心CBD（面积约3.7平方千米）与会展中心地区、虹桥综合交通枢纽、苏州河滨水区等重要功能区空间资源统筹，提升核心功能的集聚度、开放性和显示度。

专项规划编制研究共分为三个阶段。第一阶段，规划实施评估阶段（2023年4—7月）。结合深化国家战略内涵认识研究，开展规划实施评估，查找短板，挖掘空间资源。第二阶段，空间战略方案研究阶段。2023年8月—2024年3月开展535平方千米空间战略规划研究；2024年4—12月，聚焦151平方千米，重点整合资源，重塑区域空间结构和城乡功能。第三阶段系法定规划成果编制阶段。

二、主要内容

（一）规划目标

深入学习贯彻习近平总书记考察上海重要讲话精神，贯彻落实党的二十届三中全会精神和十二届市委历次全会要求，落实新发展理念，构建新发展格局，坚持高质量发展和中国式现代化要求，积极服务国家战略，着力将商务区和周边地区打造成为新时代国际开放枢纽发展示范区，建设面向全球的国际开放门户、人文生态的绿色发展城区、活力策源的科技创新平台、链接高效的综合交通枢纽和智能低碳的未来城市样本。

（二）规划思路

1. 坚持全球视野，服务国家战略

发挥进博会平台效应和虹桥综合交通枢纽优势，成为联通国内国际双循环的资源要素配置枢纽和强大引擎。

2. 坚持区域协同，优化市域格局

发挥长三角高层次协同开放的战略支点作用，积极承载"五个中心"功能，促进市域空间格局优化。

3. 坚持创新引领，加强资源整合

围绕新质生产力和现代化产业体系，加强空间资源整合，实现产业空间从低效向高效、从分散向集聚转变。

4. 坚持生态赋能，彰显自然魅力

保护水系湿地等区域自然生态特色，营造内外贯通的生态空间网络和高品质景观环境。

（三）空间结构

立足上海市域西部整体发展格局，结合地区区位优势、人文特色、生态资源，既聚焦商务区的法定地位和作用，着力提升功能、塑造品牌；又提升视野，突出示范引领、辐射带动，整体谋划区域格局和系统集成效应。综合考虑三个空间层次。

商务区在地区整体格局的基础上，形成"一脉、双环、三核、四象"的总体空间结构（"一脉"由吴淞江-苏州河、小涞港绿廊构成生态绿脉；"双环"依托特色风貌潜力道路构建功能活力环，依托外环绿廊、沪青平绿道、蟠龙-徐盈路绿道、近郊绿环、沪宁铁路走廊绿道构建生态活力环；"三核"为虹桥枢纽核、虹桥会展核、虹桥绿核；"四象"为以虹桥东西门户轴、虹桥南北发展轴，形成西北、西南、东北、东南四个象限的城市功能板块），突出三方面空间整合提升策略。一是着力增强功能核心，以虹桥枢纽中心、国家会展中心、苏州河滨水绿心构成商务区核心功能区，联动机场东片区，进一步提升核心竞争力。二是集中塑造生态绿脉，以吴淞江-苏州河、小涞港-北横泾两条绿廊为骨架，构筑"T型"生态空间，打造功能复合的高品质公共环境，提升地区整体标识度。三是有力推动功能贯通，结合特色风貌道路构建"活力环"，依托外环绿带、沪青平绿道、近郊绿环等构建"生态环"，串联商务区西北、西南、东北、东南四个象限的城市功能板块，提升商务区空间整体性和联通度。

商务区核心区做优做强总部经济和功能性平台。着力推动商务楼宇城市更新，强化空间复合、功能融合、资源整合，提高核心区与西侧国家会展中心、东侧虹桥枢纽的连通度、融合度；提升北侧苏州河滨水区和南侧申昆路片区综合功能，打破大型交通设施分隔，促进与核心区融合发展，突出宜人的街区尺度、富于风情的都市温度和近悦远来的商务氛围，集中打造城市标志更鲜明、产业功能更集中、综合交通更便利、绿色低碳更凸显的虹桥国际标志性中央商务区。

商务区向外结合市域西部新城集聚的态势，整体规划形成"一核两轴四片、五带三湿八组团"的整体格局，总面积约535平方千米。规划研究整体定位和功能布局，着力推动空间格局优化和功能提升，强化资源整合和低效用地盘活，放大商务区的辐射带动作用。向内聚焦重点攻坚突破，加快提升整体标识度和核心竞争力。

第二节　重点领域规划

商务区积极服务国家战略，充分发挥综合交通枢纽辐射效应，显著提升服务长三角和联通国际的能力，着力建成联通国际国内、彰显开放优势、畅通经济循环、引领带动长三角地区高质量发展的虹桥国际开放枢纽核心承载区。在地区整体格局的基础上，突出增强功能核心、塑造生态绿脉、推动功能贯通等方面的空间整合提升策略。

一、专项领域规划

（一）生态网络

聚焦商务区建设T字形生态绿脉，突出标志性的苏州河滨水开放空间，着力打造吴淞江-苏州河生态廊道和冈身绿廊，实现"一江一河"高品质公共空间延续。加强生态要素、公共空间和高等级设施一体化规划设计，实现从生态隔离向系统缝合功能的转变，促进商务区融合发展。

（二）产业体系

商务区以高质量发展为目标导向，以提高经济密度、提升产业能级、布局新赛道为主攻方向，着力集聚全球资源要素、深化产业支撑功能、培育创新创业主体，优化产业发展生态，加快构建完善产业发展体系，加快建设具有世界影响力的现代化国际开放枢纽核心承载区，努力将商务区打造成为具有全球示范性、全国引领性的国际化开放枢纽标杆地。

（三）综合交通

完善商务区公共交通和地面道路系统。商务区提高轨道交通服务水平，至中远期，规划轨交站点600米覆盖率提升至35%左右。打通20条跨铁路、河流通道和区区对接道路，研究国家会展中心—核心区—虹桥枢纽捷运系统，优化社区公交接驳线路，实现商务区内部以及与周边地区的快速连通。

（四）职住平衡

商务区重点加强住房精准供给。针对青年创新人群、商务人群、国际人群、本地人群等不同需求，增强住房供给的精准化、匹配度。通过新建保障性租赁住房、存量低效商办设施转型、安置房回租利用、产业社区配建人才公寓等方式，在商务区内多途径增加保障性租赁住房约120万平方米，改善职住平衡。

（五）公共服务设施

商务区大力加快公共服务建设。加快社区级公共服务建设，尽快补齐短板。增加优质综合性三甲医院、高水平公益性教育设施，配置特色化文化、体育设施，引入国际文化活动和体育赛事，扩大品牌效应。

二、核心区规划设计

（一）深化要点

落实新发展理念，积极服务国家战略，围绕虹桥国际开放枢纽建设要求，从"提高地区标识度、增强设计科技感、补齐功能短板"角度出发，规划设计方案重点聚焦虹桥综合交通枢纽（航站楼和高铁站）、商务区核心区、国家会展中心之间约一公里长的东西轴线空间及周边街区，强化功能整合、空间缝合、空间标识，营造"虹场绿丘、高线飞虹、水岸秀场、活力青洲"四大空间特色节点，打造上海服务长三角、链接全世界的一公里。将商务区核心区打造成为开放引领、高效链接、活力荟聚的国际开放门户核心，建设成为国际开放交流中枢、高效链接的超级枢纽、闪耀世界的活力新都心、面向全球的标志性门户。

（二）具体方案

1. 西交通平台（虹场绿丘）

优化改造已建成的虹桥西交通平台，营造"虹场绿丘"站前门户街区。利用虹桥交通枢纽的流量和要素集聚优势，植入虹桥全球服务中心、新质生产力展示馆、AI产业科创社区、虹桥活力商街等功能，缝合虹桥交通枢纽与核心区之间的空间、功能分割，发挥站城一体、双向赋能、合作共赢、带动周边的重要作用，打造公共服务中枢和商务区门户。

空间意向上：融入《千里江山图》的青绿山水意境，塑造兼具山水气韵与文化标识性的枢纽门户形象。

设计特点上：一是以高低起伏的层叠建筑形态模拟自然山势，通过绿植覆土与山形轮廓强化整体标识，构建山林叠翠的双峰意向和层次丰富的园林空间，形成"空中青丘"的视觉焦点，建筑功能面积约4万平方米，建筑最高点约39米。二是引入空中步道依势延展连接周边街区，打造可行走、驻足、交流、活动的城市"金角银边"，营造紧密联系的站城融合体。三是通过虹桥火车站前的"虹桥光谷"一体化空间布局，连接火车站站厅和站前活力广场，将西立面打造成为虹桥火车站主立面。同时，根据需求发展趋势优化现状长途客运站布局与规模，增加网约车上客点，实现西交通平台板上板下功能联动和融合。

2. 中轴线（高线飞虹）

依托现状中轴线绿化景观，打造"高线飞虹"的公共空间序列。构建地下、地面、空中连廊三层立体慢行交通系统，高效便捷地连接东侧虹桥交通枢纽和西侧国家会展中心两大功能主体以及两侧商务办公建筑群，植入空中秀场、路演舞台等驻足空间，打造东西长约800米的彩虹桥立体活力步道。

空间意向上：塑造"立于此桥、可见彩虹"的中轴线空间，打造核心区绿色中央大道，实现枢纽与会展之间的"虹桥之链"。

设计特点上：一是延续虹场绿丘地景风貌，构建东西向慢行活动主线脉络，以两侧双林荫大道界定中轴线开放空间，以多样化下沉空间、阳光草坪和高线公园，完善地下、地面、空中的高质量慢行空间链接。二是依托核心区现状二层连廊网络，细化支线节点，与周围环境融合互动，重点打造连接虹桥西交通平台、申长路和诺亚财富中心的三处立体节点。三是植入科技时尚要素，采用轻盈材质，设计梭形顶棚，结合色彩变化织造白天的虹桥城市画卷和夜间的未来生活光谱。

3. 北横泾（水岸秀场）

提升北横泾现状滨水空间品质，打造年轻活力的"水岸秀场"。北横泾水岸是商务区主要的生态开放空间，在中轴线和北横泾交汇处打造水上慢行休憩空间，提供面向年轻人交流的大型活动广场和浮动舞台，承载商务区节庆演绎活动，成为前往国家会展中心的预热场。

空间意向上：打造南北长约200米的水上舞台，嵌入具有交通转换和艺术展示功能的球形建筑，形似"满月"，与虹场绿丘"虹桥光谷"（太阳）相望，形成"日月同辉"的呼应关系。

设计特点上：一是利用北横泾现状优质滨水空间和二层连廊高差变化，植入零售、交流等日常停留空间，打造商务区和国家会展中心之间的空中转换立体活动节点。二是引入裸眼球幕等科技感地标，打造商务区在嘉闵高架边的标志性构筑物。三是以水岸秀场为中心将蓝绿空间向南北延伸，打造更有活力、有色彩、有变化的北横泾特色水岸。

4. 国家会展中心东侧地块（活力青洲）

激活国家会展中心东侧现状停车场空间，塑造"活力青洲"。发挥进博会溢出效应，植入虹桥企业展厅、会展配套设施、小涞港水岸商业等功能，与国家会展中心功能错位互补，打造国家会展中心功能延伸载体，成为会展潮汐热度向持续活力转型的撬动引擎。

空间意向上：以流线型的轻盈姿态与国家会展中心四叶草建筑形成呼应，展现"凌波翼起、智展虹桥"的城市新图景。

设计特点上：一是强化多维功能渗透，形成一层开放空间、二层滨水平台、顶层超级大阳台的垂直立体空间，建筑面积约8.5万平方米，建筑高度局部46米。二是打造南北向小涞港24小时活动水岸，形成富有人文温度、人本尺度的滨水活动商业场所。三是优化交通功能，结合铁路外环线客运化改造预留城际铁车站空间，提供公交车、大客车、出租车等停车空间以满足进博会停车需求。

第三节 "十五五"规划编制前期研究

"十五五"时期，是贯彻落实《虹桥国际开放枢纽建设总体方案》，全力建设国际化中央商务区关键阶段。编制好商务区"十五五"规划，对"十五五"期间商务区开发建设、功能打造、产业集聚、配套完善、低碳发展和社会事业进步起着重要推动作用。根据市政府"十五五"规划编制工作总体要求和市发展改革委《上海市"十五五"规划研究和编制具体工作进度安排》要求，对照全市"十五五"规划前期重大课题研究清单，结合商务区实际，开展"十五五"规划总体思路研究以及15个重大问题专项研究。

一、规划思路前期研究

根据市有关工作部署，管委会组织开展前期研究工作，筛选商务区"十五五"规划重大问题，明确具体工作进度安排，研究拟订"十五五"规划前期重大问题研究清单，为开展规划思路研究和拟订工作方案做准备。

（一）开展重大问题研究

根据国家长三角一体化发展战略和《虹桥国际开放枢纽建设总体方案》总体要求，贯彻落实市委市政府工作部署，开展规划前期研究工作。在前期研究总体框架下，主动对接10条线主管部门的"十五五"规划前期重大问题研究项目开展系列重大问题专题研究，共形成"商务区持续打造强劲活跃增长极，提升国际开放枢纽核心功能的总体思路研究""商务区综合发展指标体系研究及核心指标测算""商务区重大项目前瞻性谋划研究""加强商务区重大政策保障研究"等15个重大专题研究。

（二）编制规划思路报告

通过与市级各相关部门对接专项工作，开展专题调研。在相关专题研究的基础上，形成商务区"十五五"规划思路建议报送市发改委，作为市"十五五"规划基本思路的相关素材。

（三）组织专题研讨和调研

在前期研究中，积极与市各条线主管部门保持紧密对接，与相对应的重点领域市

"十五五"规划前期重大问题研究密切衔接，互为支撑。同时，会同各区、街镇，邀请部分市人大代表、政协委员、智库专家，以及关心商务区发展的各界人士，以调研、座谈、研讨等形式参与规划重大问题研究，听取相关区政府、国家会展中心、虹桥枢纽单位、商务区内重点企业和虹桥国际开放枢纽中"南、北两带"的意见。

二、规划思路研究成果

（一）发展目标

到2030年，全面建成虹桥国际开放枢纽核心承载区。特色鲜明的现代化产业体系逐步确立，国际贸易中心新平台能级显著提高，综合交通枢纽通达性进一步提升，城区人居环境和各层次公共服务品质得到强化，努力打造成为具有竞争力、创新力、影响力的全球标杆枢纽城区。

（二）规划要求

进一步提升虹桥国际开放枢纽辐射能级，巩固提升"十四五"时期发展建设的阶段性成果，持续推进高质量规划建设、高水平平台打造、高优势产业集聚、高能级辐射带动。首先，坚持国家战略引领。更加主动地在长三角高质量一体化发展和推进虹桥国际开放枢纽建设的国家战略中，系统思考和谋划商务区未来五年发展的重大问题，充分发挥商务区优势，持续做强核心功能，进一步提升虹桥国际开放枢纽能级。其次，坚持全市一盘棋。紧扣市委、市政府工作部署，在全市发展整体布局中，对照"五个中心"建设总体目标，考虑"十五五"期间商务区发展定位、工作重点和相关举措，全面对接本市各领域开展的"十五五"规划前期重大研究，聚焦形成一批重大指标、重大任务、重大项目和重大政策。再次，坚持立足虹桥实际。增强全球视野战略思维，跳出虹桥看虹桥，开展横向对比、纵向研判，通过与国际、全市、中心城区、周边区域进行对标，比较分析研判发展趋势。同时结合虹桥实际，紧紧围绕商务区"大交通、大会展、大商务、大科创"四大功能定位，客观分析阶段性特征和发展规律，厘清短板和瓶颈，以问题为导向，系统谋划长远发展。

（三）规划理念

1. 扩大全球视野，强化开放思维

一是加强分析全球趋势，研究国际动态，深入了解全球经济、政治、科技和文化发展趋势。二是与国际先进商务区进行比较，学习成功经验和做法。在规划建设、营商环境、绿色低碳、公共服务等方面对标国际标准。三是保持规划的开放性和灵活性，在策略和实施方面可适时调整。

2.提升整体合力，平衡成本效益

一是在工作机制上建立领导小组的协调机制，协调各区、各部门之间的工作，定期讨论规划进展、存在的问题和解决方案。制定统一框架，明确职责任务。二是注重规划整合统一，确保各区、各部门的规划相互衔接，避免重复和冲突，建立信息共享机制。三是明确发展目标和关键指标，对重大投资和项目进行成本效益分析和风险预判。

3.开放编制模式，扩大参与范围

一是在规划编制的方式和方法上，鼓励开放和创新，确保规划可操作、能落地。二是通过各种形式和渠道促进广开言路，集中民智，汇聚民意，创新社会公众参与方式，鼓励公众参与规划的制定和实施过程，提高规划的透明度和公众的满意度。三是借助专业力量和新技术优势，强化调研数据支撑，提升规划编制的科学性和规范性。

（四）规划重点

1.聚焦重大发展形势研判

一是做好国家重大战略对接。深入贯彻落实"一带一路"、长三角一体化等国家战略，找准在经济、产业、环境、社会等方面的重大战略中的定位和具体要求。二是做好人口形势分析，考虑商务区人口规模、年龄结构、教育水平、就业人口等因素，分析其对商务区劳动力市场、消费市场和社会发展的影响以及对公共服务资源的需求。三是加强对经济环境研判，分析国内外宏观经济环境，包括产业结构调整、国际外部形势等，评估潜在影响，确定商务区经济发展方向和目标。

2.聚焦重大资源要素统筹

一是加强对商务区土地、楼宇等要素资源现状梳理分析，包括已开发和未开发土地的面积、位置、质量等，评估现有土地利用效率，识别低效用地和潜在可开发用地。二是强化规划与政策对接，融合新一轮商务区和周边地区专项规划、单元规划等，落实"多规合一"。三是统筹做好土地收储出让平衡和供需预测，满足"十五五"期间商务区的经济发展、人口增长对土地资源的需求，预留发展空间以适应商务区的长远发展。针对重大项目用地，提前规划预留。同时注重生态耕地保护与城市功能用地协调开发，落实商务区规划与土地出让新规。

3.聚焦重大投资来源安排

一是根据国家战略要求和区域发展规划，确定投资的重点领域和方向，如基础设施建设、功能平台打造、科技产业培育等。二是平衡投资来源，统筹市区两级财政，做好政府性投资计划安排，为商务区发展提供基础支撑。鼓励引导社会投资，研究吸引社会资本参与商务区建设的政策条件。三是最大化投资效率和效益，建立投资监管机制，定期进行成本效益分析和投资监管评估。

4. 聚焦重大转型目标部署

一是聚焦基础设施建设和能源结构调整，推广绿色城区和绿色建筑标准。试点建筑节能低碳改造，和低碳基础设施，加强可再生能源利用。二是发展低碳产业，加强技术创新与应用，鼓励企业进行绿色低碳技术的研发和应用。三是加强相关建设项目和产业转型项目的政策和金融支持。

5. 聚焦重大产业功能打造

优化产业定位与布局，明确商务区的主导产业和特色产业，如总部经济、专业服务、会展经济、科研创新等，整合与优化产业链，形成具有竞争力的产业集群。聚焦科创驱动发展，通过创新平台，吸引集聚研发机构和高科技企业，促进低空经济、人工智能、生物医药等新业态新模式发展。继续强化总部经济集聚，吸引跨国公司总部、外资研发中心以及内资企业总部集聚，形成总部经济效应。聚焦做好专业服务配套，包括会计、法律、人力资源、设计、知识产权等专业服务，更好服务企业"引进来""走出去"。聚焦特色产业园区建设，提升新虹桥国际医学中心、北斗产业园、虹桥数字经济产业园等平台园区，形成错位发展、优势互补的功能定位。聚焦国际贸易平台打造，利用进博会、"丝路电商"合作先行区等平台，打造国际贸易中心新平台，推动商务区贸易功能升级，建设上海西片国际级消费集聚区。聚焦产城融合发展，推进商务区产城融合，优化居住和商务环境，建设高品质国际社区，吸引高端人才。

第三章　国际贸易中心新平台

将商务区打造成为上海国际贸易中心新平台，是《虹桥国际开放枢纽建设总体方案》和《"十四五"时期提升上海国际贸易中心能级规划》明确的重要任务。2024年，商务区以建设联动长三角、服务全国、辐射亚太的进出口商品集散地为切入点，加强流量价值挖掘创造，坚持"引进来"和"走出去"统筹发展，提升对内对外两个扇面辐射功能，推动虹桥国际贸易中心新平台提质升级，为上海国际贸易中心建设贡献"虹桥力量"。

第一节　进博会溢出效应

商务区在高标准落实好各项服务保障任务的同时，注重建立全面长效的承接机制，推动《关于支持虹桥国际中央商务区建设国际贸易中心新平台的若干措施》等多项重要举措落地，把平台功能和优势转化为发展红利，充分放大进博会溢出效应。

一、"6天+365天"常年展示交易平台建设

"6天+365天"常年展示交易平台建成虹桥品汇大宗商品类、食品类、绿地全球贸易港国家馆交易平台3个百亿元级交易平台。新增昆山、常州、绍兴、酒泉、乌鲁木齐、贵阳等区域虹桥品汇分中心10家，全国累计开设虹桥品汇、绿地全球商品贸易港等分中心46个。新设及更新绿地全球商品贸易港国家馆10个，累计设立国家馆68个。

（一）虹桥品汇

虹桥品汇是上海承接和放大进博会溢出效应的"6天+365天"常年展示交易平台的主平台，虹桥品汇B栋总面积13万平方米，与已投入使用的8万平方米虹桥品汇A

栋、5万平方米的保税物流中心和40万平方米的一期展示中心,共同构成了总体量66万平方米、集展览交易办公于一体的虹桥进口商品展示交易中心。

推动虹桥品汇B栋打造联通海内外的高端工业品首发平台。平台以展贸经济作为切入点,第七届进博会期间举办以"向新之路"为主题的新质生产力·未来出行展,展览面积4 000平方米,分为低空经济、新型能源、智能驾驶、时尚出行四大展区,汇集23家参展商,集齐eVTOL所有主流机型。参展企业中,涵盖了峰飞、时的科技、御风未来、沃兰特、天翎科等eVTOL头部企业,其中时的科技、御风未来、沃兰特航空是本届进博会汽车展区"未来出行"板块参展商,参展机型涵盖了多旋翼、复合翼、倾转旋翼、涵道倾转旋翼等eVTOL主流机型,应用场景覆盖物流运输、应急救援、低空物流、载人交通、低空旅游等领域。

2024年8月,虹桥商务区保税物流中心(B型)纳入首批设立的"6+1"上海自贸试验区联动创新区。保税物流中心依托"保税展示交易""展转保""展转跨",全年实现商品进出口总额约35.3亿元,同比增长27.6%,连续5年保持快速增长。其中,跨境电商网购保税进口零售业务全年实现销售订单1 226万单,同比增长32%,销售金额达

图3-1 虹桥品汇B栋

26亿元，同比增长49.7%，跨境电商销售金额和销售总单量在全市同类型业务上均排名第一。

（二）绿地全球商品贸易港

自2018年开业以来，已吸引来自76个国家和地区的180家企业入驻，设立国家馆68个，其中"一带一路"国家馆49个、"丝路电商"国家馆22个，引进进博会同款商品2万余款，涵盖食品酒饮、数码家电、美妆护理、服饰箱包等20余个大类，已成为放大进博会溢出效应的核心平台。不仅如此，绿地全球商品贸易港也已成为长三角区域乃至全国，国家馆数量最多、进博同款展销最全、丝路电商资源最丰富、具备进出口贸易双向链路布局能力的国际贸易新平台。

2024年，绿地全球商品贸易港深入发挥自身产业链优势，积极为海外名优新品打开通路、提升市场销售，与参加第七届进博会的多家全球知名企业签署合作协议，在跨境贸易、产品经销、供应链搭建、进博会组展等领域达成合作。

（三）上海国际展览贸易促进平台（365展贸网）

上海国际展览贸易促进平台于2024年11月8日正式上线。平台集展会服务、贸易撮合、贸易服务、行业政策及公共服务于一体，为全球参展商、采购商以及优质展会主办和服务机构提供365天不间断服务，为第七届进博会展现"溢出新动能"。

1. 高效的供需对接

依托数字技术，365展贸网平台提供了"2个展示窗口+3条撮合路径"。2个展示窗口为"云上展厅"和"需求大厅"，3条撮合路径分别是"采购商找展商""展商找采购商""平台推荐撮合"。企业可以自行通过多种方式与上游供应商和下游采购商取得联系，平台也会通过智能推荐等多种方式为企业提供全年无休的线上贸易机会，推动进博会的新技术、新产品、新服务加快进入中国市场

2. 丰富的上海展会

365展贸网还聚合了上海主要经贸类展会的权威信息，便于用户多维度查询、浏览在沪举办的各类经贸类展会信息，包括展会介绍、展商服务、观众服务、现场活动等内容，既为全球采购商提供精准、权威的上海经贸类展会信息，也为参展商提供寻找更多专业买家的机会。

3. 便捷的贸易服务

365展贸网还为企业提供了涵盖进出口贸易服务、原产地证明办理、法律咨询和金融服务等相关的全方位、高效便捷的一站式贸易服务。后续，平台还将逐步推动国际

图 3-2　上海国际展览贸易促进平台（365展贸网）上线仪式

贸易进出口各环节的精细化服务项目的拓展，成为企业国际贸易过程中省心、贴心服务的聚合平台。

未来，365展贸网还将不断扩展服务的渠道和形式，进一步发挥上海在国际展览、贸易促进等方面资源和长三角腹地支撑优势，提供优质高效的供需配对服务，助力进一步提升上海国际贸易中心影响力。

二、放大商旅文体展效应

强化会场内外联动，把更多进博流量转化为消费增量。探索开展进博消费联动工作，联动商务区内14个商旅文体载体，以一张线上进博消费地图的形式，让使用者扫码即能查看附近百余项票证联动优惠措施。

据复旦大学消费市场大数据实验室统计，第七届进博会期间，上海西片国际级消费集聚区9个重点商圈线下消费额为1.67亿元，同比2023年进博会期间增长49.7%，环比2024年第三季度平日数据显著增长，其中餐饮消费2 514万元，同比增长60.86%。2024年商务区重点商圈虹桥天地、虹桥龙湖天街、蟠龙天地销售额与2023年进博会同期相比增幅4.3%、26.4%和45.4%。此外，核心区内康得思、皇冠假日等5家重点酒店实现8 070间客房数入驻。以"进在虹桥·播动未来"为主题，推出"燃进博·嗨购月""东南亚咖啡节""丝路电商 云品进博""中亚风情文旅节"等数十场直播活动，让消费者体验无时差、零距离进博同款好物购物。积极推进首发经济，商务区跨国公司带来新产品、新技术、新服务首发首展，如邓白氏亚洲首发全球企业大数据生成式AI助手（ChatD&B），格兰富首发全新一代低碳技术搭载智慧控制系统，宜家全球首发"中国新春"系列产品FÖSSTA弗斯达、中国首发"回购和再售"服务，纽仕兰首发全链条"低碳奶"，激发消费新动能。

三、加快"展品变商品、展商变投资商"

功能性平台作用进一步发挥。虹桥海外发展服务中心打响"虹桥出海"品牌，首次亮相第七届进博会服贸展区，对接大华会计师事务所、兄弟（中国）商业、中国住友商事、德迅（中国）货运、必维集团等为代表近200家企业和机构。场外举办专精特新出海论坛、新能源企业出海等系列专题活动，揭牌虹桥海外发展服务中心南虹桥分中心、香港上市辅导中心、专精特新国际化服务驿站。虹桥海外贸易中心入驻的国际

图3-3 虹桥品汇

组织机构，第七届进博期间累计举办各类投资促进活动18场。在服务进博方面，通过展品转保税商品和保税展示交易便利化模式，虹桥商务区保税物流中心（B型）连续六届服务进博会，累计参展货值超1.1亿美元，其中第七届进博会期间服务展品货值超2 800万美元，涉及8个国别地区19家展商，如为MAYBACH Icon of Luxury GmbH、美宝国际等参展商共260余种消费类展品，通过"展转保"和"展转跨"便利化措施落地虹桥品汇。

国际化高端商务要素进一步集聚。商务区注重发挥市场主体作用，举办2024贸易数字化与跨境电商发展论坛、2024贸易数字化创新论坛、第七届进博会溢出效应论坛、"丝路电商"合作创新发展大会暨2024全国"丝路云品"电商节启动、2024进口食品行业峰会等一系列高能级国际性活动。发布"丝路电商"创新发展案例，虹桥"丝路电商"行动计划落地率达90%。启动虹桥数字贸易产业联盟，集聚欧图、科大讯飞、华测、江苏金服等长三角数字技术贸易、数字服务贸易、数字产品贸易、数据贸易、跨境电商、专业服务机构等首批成员52家。同时，会同联合国贸发会议和中国电子商会，组织非洲、拉美和亚洲地区的10个国家36名发展中国家女性企业家看虹桥活动，多家企业有落地意向。

第二节　国际会展之都核心承载区

商务区是国际会展之都的重要承载区，也是承接和放大进博会溢出效应的重要平台。2024年，商务区展览活动规模稳步提升，仅国家会展中心就举办展览及相关活动达816.19万平方米，占全市总量的45.40%；会展企业加速集聚，虹桥国际会展产业园已累计聚集了英富曼、国际展览等426家会展产业链企业；会展生态进一步优化，进博会期间的展品税收支持、通关监管、资金结算、投资便利、人员出入境等创新政策已依法上升为常态化制度安排。

一、以国家会展中心为载体

2024年国家会展中心展览面积约760万平方米。主要呈现以下特点：一是国际化程度高，全年国家会展中心共举办国际展49个，展览面积709万平方米，占总展览面积的93.2%；二是展览规模大，全年共举办展览面积达10万平方米以上的大型展览23个，大型展个数占全市的比例为47.9%；三是展会品牌优，包括中国国际进口博览会、中国国际工业博览会、国际塑料橡胶工业展、国际纺织面料展、国际医疗器械展等高质量展会落户国展中心，是全市经UFI认证的展览项目最多的展馆。

11月5—10日，第七届进博会向世界展示中国以开放促改革、促发展，以中国新发展为世界提供新机遇的信心和决心，为促进普惠包容的经济全球化作出积极贡献。

6天展会里，国际政要、企业高管齐聚上海，高质量论坛活动凝聚开放共识，专业化对接洽谈传递开放强音，展现了中国坚定推进高水平开放、推动构建开放型世界经济的决心和信心。本届进博会企业展继续保持36.6万平方米的超大规模，共有129个国家和地区的3 496家企业参展，其中186家企业和机构成为七届进博会"全勤生"，充分体现全球企业对中国经济发展的信心和中国超大规模市场的吸引力。企业展主要有以下几个特点：

一是参展企业代表性广泛。有来自104个"一带一路"共建国家的1 585家企业、13个《区域全面经济伙伴关系协定》（RCEP）国家的1 106家企业、35个最不发达国家的132家企业参展。来自美国、日本、德国、法国、英国等国参展企业的参展规模继续领跑。

二是策展组展注重创新。聚焦发展新质生产力，在技术装备展区首次设立新材料专区，涵盖电子材料、生物材料、特种材料等高附加值产品；完善集成电路专区产业链，引入存储芯片制造商和电子设计自动化解决方案供应商等龙头企业；汽车展区中一半以上的展商展示自动驾驶、新型储能等最新技术和创新成果；创新孵化专区集中展示34个国家和地区的360个创新项目，为中小企业和初创企业发展提供助力。

三是参展企业质量更高。本届进博会汇聚全球多家顶尖企业，其中世界500强和行业龙头企业297家，创历史新高，包括全球十大工业电气企业、十大医疗器械企业、四大水处理企业、四大粮商、四大蔬菜种业、三大精品集团、三大快速时尚集团、八大美妆日化企业、四大会计师事务所、三大快递公司等。

四是首发首展新品众多。作为推动高水平开放的平台，进博会每年都汇集来自全球的新品好物。本届进博会跨国企业带来450项新产品新技术新服务首发首展，包括100多项全球首发、40项亚洲首展、200多项中国首秀，积极助力"首发经济"，激发消费新动能。

第七届进博会成交活跃，按一年计意向成交金额800.1亿美元，比上届增长2%。组织86场集中签约活动，达成合作意向近600项。举办124场新品发布活动，展示176项前沿科技产品。同时，743家机构参与人文交流展示，中外演出团体带来公益演出227场，集中展示中外人文艺术风采。人文交流展示面积超3万平方米。

二、以虹桥国际会展产业园为平台

虹桥国际会展产业园2021年6月正式揭牌，坐落于国家会展中心，以国家会展中心150万平方米为物理空间，由西虹桥商务开发有限公司运营，是上海首个会展产业主题园区，也是推动虹桥国际开放枢纽建设的重要举措，更是上海加快打造国际会展之都的重要支撑。作为长三角数字干线的重要功能节点，虹桥国际会展产业园通过培育会展产业链生态，集聚国内外知名会展企业总部、专业组展机构和会展配套服务企业，打造具有国际竞争力的会展集团。

近年来，虹桥国际会展产业园围绕上海推进国际一流会展之都建设，依托国家会展中心集聚优势，每年举办百余场展览及活动，汇聚众多国际级展会资源，引进会展及会展相关企业，成为上海会展业发展集聚高地、上海会展业新兴业态孵化平台、上海会展业高级智库平台和人才培训基地及长三角会展业一体化发展枢纽节点。

三、以重点会议论坛活动为媒介

（一）推动"国际会展业CEO上海大会"落户虹桥

"国际会展业CEO上海大会"是国际展览业协会（UFI）的支持项目，也是UFI最高等级的合作项目。作为全球会展业三大峰会之一，至2024年已连续举办8届，得到了国际会展业的广泛认可。2024年大会主题为"提振与精进——全球大变局中的战略新机遇"，来自世界各地的300余名会展行业高层管理人士在两天的大会中，就"中国消费市场迭代带来的挑战与机遇""中国产业出海与新机遇""数字科技驱动的会展业创新"等议题进行深入解析，探讨中国消费市场快速迭代对本土及国际会展业的双重影响，包括消费者行为的变化、新兴消费趋势的兴起等，以及全球会展业如何适应这些变化，通过创新展览主题和体验设计吸引消费者，促进品牌与消费者之间深入互动。同时，各方共同商议新一代中国产业出海的快速发展如何为全球，尤其是亚洲地区会展业带来新的商业机遇和合作模式。此外，还从实践出发，探讨数字科技如何改变会展业的运营模式和商业模式，如何助力会展业提升效率、创造新体验和增加收益。

图 3-4　2024年国际会展业CEO上海大会

第三章 国际贸易中心新平台

第二节 国际会展之都核心承载区

（二）举办进博会溢出效应论坛

2024年进博会溢出效应论坛以"大国市场·全球机遇"为主题，探讨作为全球共享的国际公共产品的进博会，在高质量"引进来"和"走出去"的过程中，与世界分享中国大市场，与全球共享发展机遇，打造了一场国际对话盛宴，从国际国内专家的视角来看进博会溢出效应所取得的成效与未来发展展望。论坛发布了《中国国际进口博览会溢出效应指数研究报告2024》，研究报告显示，进博会对国际采购、投资促进、人文交流、开放合作、消费升级、产业转型等有显著的提升作用。论坛上，中外专家围绕话题"数据创新——跨境电商新动能"展开对话，共同探讨跨境电商新业态与新发展。

图3-5　2024年进博会溢出效应论坛

四、出台相关支持政策

2023年以来，商务区管委会深入研究北京、深圳、广州、成都、青岛等城市最新出台的会展政策，借鉴吸纳其亮点，并与相关部门加强沟通和联络，研究出台《虹桥国际中央商务区关于国际会展之都承载地建设的支持政策》。

055

政策重点支持在商务区范围内举办的会展活动项目，以及工商注册地、实际经营地和财税户管地均在商务区范围内的会展企业、场馆、平台运营方、机构以及服务单位等。政策内容包括着力提升展会能级、加快推动品牌展会落户、持续吸引会展主体集聚、支持会展功能平台设立、进一步支持商务区企业境外办展参展、鼓励场馆数字化升级、推动发展会议经济、开展会展产业发展的重点规划研究、推动会展与商业联动发展、促进会展产业长三角联动发展10个方面内容，进一步承接和放大进博会溢出效应，全面建成国际会展之都。

第三节 总部经济能级提升

2024年,商务区不断创新和优化各类总部企业发展环境,抢抓战略机遇,持续提升总部经济能级,推动各类总部机构立足虹桥拓展管理、研发、销售、贸易、结算、投资、国际化等功能,吸引一批标志性、引领性的项目纷纷落地,为虹桥经济高质量发展不断注入新动能。

一、构建总部机构集聚发展的新高地

商务区背靠长三角广阔市场,是资金、人才、信息等创新核心要素的关键枢纽。2024年,商务区会同闵行区、长宁区、青浦区、嘉定区政府以及地产虹桥公司等单位,围绕集聚更多跨国公司地区总部、民营企业总部、贸易型总部、创新型总部、研发中心等各类总部机构,累计引进和培育各类总部机构238家。全年新认定各类总部企业27家,其中经上海市相关职能单位认定的各类总部8家,包括以华测导航、丹尼斯克为代表的创新研发总部和以上好佳、陕外经贸为代表的外资外贸总部等;经商务区管委会认定的总部19家,包括以蔚来汽车、天合光能、润阳新能源为代表的链主企业总部和以瑛泰医疗、其胜生物、惠柏新材料为代表的高新产业总部等,涵盖光伏能源、新能源汽车、空天信息、生物医药、医疗器械、新材料等诸多战略性新兴产业。商务区呈现科创浓度持续提升,产业集聚不断增强的蓬勃发展态势,已成为各类高能级、新赛道总部机构加快集聚的热点地区。

商务区积极鼓励已落户各类总部持续提升能级,打造亚太总部或全球总部;支持本土企业建立以长三角区域为重点,总部在商务区、基地在长三角、业务在全球的企业国际化、多层次经营布局。持续加大对民营企业总部"走出去"的支持力度,鼓励"走出去"龙头企业在商务区集聚发展,提升企业国际化经营能力,支持总部类企业立足商务区开展对外投资业务、加速全球布局,积极参与全球产业链供应链价值链协同发展,加快集聚本土跨国企业总部。

图3-6 核心区总部集聚区

二、打造重点产业投资项目的首选地

一是持续强化虹桥发展动能。发挥虹桥枢纽优势，全力聚焦产业体系开展产业链招商，全年累计吸引理想汽车、德国大众、亚萨合莱、徕卡生物、启源芯动力、美庐之家、雷赛机器人、圣和药业等207个重点项目签约落地，涵盖汽车研发、生物医药、人形机器人、新能源等诸多重点领域，高端商务和科创策源功能不断深化。

二是持续显现投资引领功能。聚焦重点项目，推动赛意信息实现24小时"拿地即开工"，国家电投融和科技、博德尔集团、信达生物全球研发中心正式入驻，英格卡购物中心（上海荟聚）亮相运营，东软上海科技中心、卓然股份（上海）创新基地、华峰研发总部成功封顶。投资虹桥品牌效应不断放大，投资虹桥市场信心持续增强。

三、激发总部企业做大做强的源动力

围绕打造全国统一大市场和加快发展新质生产力的要求，按照商务区新一轮专项发展资金管理办法及其实施细则，以创新的评价体系和政策超市的支持形式，出台新

> 专栏 3-1 ▶▶▶
>
> ## 毕马威中国 KAMPUS 总部大楼正式开业
>
> 2024年3月，毕马威中国KAMPUS正式在虹桥万科开业，新增一个面积1.45万平方米办公场所，规划工位1 600个，未来将成为毕马威全球网络中最大的办公场所，与恒隆广场的办公室形成"双引擎"架构。
>
> 毕马威作为世界顶级的会计专业服务机构之一，能够为企业提供国际化、专业化、多元化的服务，帮助企业提升管理水平、拓展市场空间、增强竞争力。毕马威的入驻，为商务区带来了高端专业服务资源同时，也通过其行业龙头地位，加快吸引会计、咨询、人力资源等相关专业服务业集聚发展，进一步为市区经济发展、产业升级和人才培养等方面提供有力支撑。
>
> 另外，毕马威也能够借助商务区的开放平台和交通便利，更好地服务长三角地区和全国的客户，实现共赢发展，如：毕马威整合资源优势，近期在商务区举办以海外投资为主题系列研讨会，包括投资东南亚及新能源产业链海外投资研讨会，协助企业"走出去"。毕马威还特设中国培训中心，该培训空间具有高度的灵活性和多样性，未来将培养更多的专业管理人才和国际化创新型人才。

一轮支持总部企业发展的支持政策及其年度申报指南。政策制定过程中充分吸收企业的诉求及各方的意见建议，围绕政策导向、支持范围、指标体系等方面进一步优化升级，聚焦支持总部企业做深做宽、做大做强、创新发展，形成全方位、多层次、宽领域的政策体系，全力支持总部企业在商务区加快提升能级，拓展总部功能，完善产业生态，形成引领示范效应，在提振企业发展信心、推动总部功能打造等方面起到了积极作用。主要有四个特点：

一是聚焦总部企业功能拓展。增设总部功能奖励，围绕管理功能、研发功能、投资并购、产业基金与社会价值等方面，支持总部企业立足商务区拓展总部功能、加大研发力度、做强产业生态、深化发展理念，全面提升国际竞争力。

二是提升政策匹配的精准度。构建新的指标梯度，形成适用于各类总部形态的评价维度。

三是优化政策的延续性。鼓励总部企业持续提升能级，对实现业务显著增长的总部企业给予能级提升奖励，支持企业积极拓展业务，开展再投资。

四是支持总部企业在商务区集聚发展。支持高能级总部企业落户，配套信用保险与服务支持，鼓励"走出去"龙头企业在商务区集聚发展。

第四节　生产性互联网服务平台集聚

生产性互联网服务平台是促进产业数字化转型升级的新型主体。建设生产性互联网服务平台集聚区,有利于发挥国家、市、区三级政策叠加优势,加快引进和培育一批龙头企业和示范平台;有利于支持平台企业增强产业链组织服务能力,打造一批产业集群,支持平台和上下游企业"组团出海",提升国际竞争力和辐射力;有利于大力推进物联网、大模型等先进技术应用,打造一批示范场景应用,推动平台企业将场景应用转化为高附加值的产品或服务。

2024年1月,上海市政府出台关于支持商务区打造生产性互联网服务平台集聚区的若干措施,明确商务区生产性互联网服务平台建设发展目标、发展布局、发展重点。商务区以服务实体经济为核心,以完善产业生态为重点,以优化发展环境为关键,全力打造生产性互联网服务平台集聚区,各项工作取得积极成效。

一、政策措施

(一) 发展目标

把握长三角一体化发展国家战略与中国国际进口博览会溢出效应,充分发挥商务区"大交通""大会展""大商务""大科创"功能优势,到2025年,培育若干具有全球影响力、资源配置力和创新驱动力的龙头型服务平台企业,集聚10家以上具备产业链、供应链、价值链整合能力的高成长性企业;培育若干"小型化、快速化、轻量化、精准化"的数字化系统解决方案和产品,争取相关国家级和市级服务平台落地,建成以数字化转型示范和专业服务为特色的服务平台集聚区,成为链接长三角城市群、"一带一路"沿线重要城市的上海国际贸易中心建设新高地。

发展目标

✓ 到2025年
- 培育若干具有全球影响力、资源配置力和创新驱动力的龙头型服务平台企业
- 集聚10家以上具备产业链、供应链、价值链整合能力的高成长性企业
- 争取相关国家级和市级服务平台落地

（二）发展重点

重点培育一批标杆数字化转型和专业服务平台，以服务实体经济为核心，以完善产业生态为重点，以优化发展环境为关键，建设联通全球的服务平台示范枢纽、中国国际进口博览会溢出效应转化中心和长三角生产性互联网服务平台"走出去"促进中心。辐射带动"四区"发展，即：闵行片区聚焦法律服务、人才服务、数字健康等领域，重点做强专业化数字服务平台集聚；长宁片区重点布局数字消费、数字出行、数字金融、大数据等新赛道，做大数字商贸服务平台品牌；青浦片区聚焦会展贸易、工业互联网、空天信息、数字物流仓储等领域，做优物流仓储服务平台功能；嘉定片区围绕人工智能技术创新，做实技术创新服务平台特色。

（三）具体举措

1.实施服务平台总部"虹聚"计划

大力引进和培育工业互联网、物流仓储、实物互联网、空天信息、时尚消费等领域头部平台企业。鼓励区域内新能源龙头企业打造集聚上下游产业链的绿色能源供应链平台，完善认证、核算等功能。支持区内工业品电商服务平台与长三角制造企业开展合作，提升供应链效率。围绕服务平台产业链和垂直行业领域，引进和培育独角兽企业。

2.促进"平台＋园区"融合发展

以临空经济园区为示范，升级数字商贸服务平台，发展个性化定制、数字出行、智慧零售和智慧服务等新业态。以虹桥国际中央法务区、虹桥国际商务人才港等为载体，打造法律、人力资源等专业服务数字化平台。以虹桥实物互联网联盟建设为契机，探索建立上海虹桥数字供应链集聚区集采平台，优化物流仓储服务平台功能，打造低碳物流供应链。以临港嘉定科技城、新慧总部湾等为依托，鼓励企业提供生产模块化数字管理、产品数字营销、云端协同制造等服务，打造技术创新服务平台。

3.放大进博会溢出效应，打造数字贸易平台

推动"6天+365天"一站式交易服务平台完善升级，支持虹桥品汇打造虹桥国际咖啡港线上贸易集聚平台，鼓励咖啡供应链上下游企业上链，推出平台咖啡指数和咖

啡标准。发挥虹桥海外贸易中心作用,支持进口食品公共服务平台能级提升。推动贸易数字化赋能中心升级,打造传统贸易企业数字化技术转型应用互联网平台。

4. 推动会展产业链数字化转型和智能升级

鼓励服务平台制定数字化参会体验、会展数字营销、产业生态链接等数字化解决方案。出台商务区促进会展经济发展专项政策,组织开展系列服务平台高端论坛和品牌活动。

5. 打造平台国际化专业服务集聚区

依托虹桥海外发展服务中心、上海"一带一路"综合服务中心(虹桥)、RCEP虹桥企业服务咨询站等功能平台,支持产业链上下游企业联合出海。建设全球技术供需平台,打造全球技术需求和解决方案核心枢纽。支持数字化转型服务平台为"走出去"企业提供研发、生产、管理、贸易等全过程对接服务。加快打造与生命健康、先进材料、时尚消费、新能源等重点产业紧密相关的专业服务平台,建设"丝路电商"数字技术应用中心,为"走出去"企业提供"技术+市场"的增值服务。

6. 完善新型基础设施建设

持续推进5G集聚区、国际互联网数据通道建设,加速推进宏基站加密布局、人工智能等产业平台和应用场景,加快建设智能化综合性特色新基建。鼓励企业深度融合区块链、人工智能、大数据等技术,持续完善生态系统,推出具有科技创新含量、自主知识产权的软件产品和解决方案。

7. 加大市场化创业投资基金赋能力度

引导国有资本、民营资本、外资在商务区设立各类创业投资基金,推动服务平台企业创新创业。鼓励金融机构和地方金融组织完善针对中小平台的金融产品,拓展供应链金融。鼓励具有国际竞争力的服务平台企业通过境内外基金投资、股权并购、上市融资等市场化方式做大做强。

8. 加大功能性平台专项资金支持力度

形成国家政策、市级政策和属地政策的三级叠加优势,指导符合条件的企业申报相关专项资金。充分发挥商务区专项发展资金引导作用,聚焦重点领域企业、服务平台、有影响力的服务平台活动和重点项目。支持四个片区出台服务平台支持政策。对于重大服务平台,以"一事一议"方式给予综合配套政策,加速项目落地。

9. 打造虹桥服务平台人才高地

综合运用居住证积分、居转户、直接落户等梯度化人才引进政策,加大服务平台领域优秀人才引进力度。营造良好的人才引进环境，在医疗、教育、住房人才评价等方面进一步加强服务保障。建立商务区服务平台联盟，加强智库建设。

二、发展成效

（一）跑出主体培育"加速度"，形成梯度发展体系

自2024年1月以来，商务区管委会会同闵行区、长宁区、青浦区、嘉定区围绕"一批重点主体、一批应用场景、一批'平台+园区'、一批发展政策"打出组合拳，锚定"高质量"，跑出"加速度"。截至12月底，商务区已集聚了震坤行、黑湖科技、格创东智、广联达、有色网等重点培育主体35家。从行业类别看，涵盖数字建筑、泛半导体、智慧物流、工业品电商、时尚消费、技术交易等领域，数字化转型服务平台、专业服务平台占比94%。从发展阶段看，龙头型企业、高成长型企业、潜力型企业各10家，储备型1家。从平台影响力看，重点培育有国际资源配置能力的平台，如InnoMatch、震坤行等。同时，以医疗器械、批发贸易、智慧物流等为特色的"平台+园区"加速推进，并呈现平台先进技术应用稳步扩大、平台产业链整合力稳步提升、平台国际市场拓展稳步推进的"三稳"特征。

（二）跑出数字化转型"加速度"，技术与平台加速融合

推动百秋尚美、震坤行、格创东智、圆擎、甄知、有色网共6家企业入围本市区块链、大模型等新技术赋能生产性互联网服务平台揭榜挂帅项目名单（全市占比21.4%）。百秋应用LLM大模型、AARRRA转化漏斗模型、帕累托分层模型等，营业收入同比增长20%。震坤行基于开源AI大模型，为10万多家上下游客户和企业内部员工提供服务，客户数同比增长29%。黑湖科技探索建立"大模型+制造+供应链"新范式，服务制造工厂数量增加8 200家，营业收入同比增长30.7%。格创东智依托自主研发工业智能大模型OctopusGPT，帮助客户实现小故障处理效率提升62%，大故障处理效率提升30%。同时，积极支持有色网、五锐金属参与上海"基于区块链技术的大宗商品供应链融资业务试点"。

（三）跑出政企合作"加速度"，打响政银企对接会品牌

2024年7月11日，在市商务委、市委金融办、市数据局、市金融局支持下，商务区联合上海工业品服务商会举办"生产性互联网服务平台金融赋能政银企对接会"，市数据局围绕创新区块链可信网络、加速数字经济开展惠企宣讲，市委金融办、市金融局答疑交流，金融机构围绕信用保险、科技金融、跨境金融等分享解决方案，吸引市

区部门、银行代表和90多家企业代表共计130多人参加。

（四）跑出专业服务"加速度"，完善"生产性互联网+"生态

建立"1+N"服务体系，依托虹桥海外发展服务中心，通过"1"个专业服务机构联盟提供N种服务模式，加速平台自身走出去和支持企业走出去。推进"生产性互联网服务平台+走出去"，如生生物流在美国华盛顿、纽约、波士顿以及澳大利亚和比利时等设立海外项目，为药企提供全链条一体化医药冷链和临床供应链服务。推进"生产性互联网服务平台+丝路电商"，数字化打造虹桥国际咖啡港线上平台，围绕链上溯源、链上订单、数字人民币、区块链证书等加快开发和应用，积极研究咖啡港模式拓展至其他领域。

图3-7　生产性互联网服务平台政镇企对接会

第四章　双向开放

商务区围绕"强化国际定位、彰显开放优势、提升枢纽功能"发展主线，努力打造成为国内国际双循环战略链接的新支点、长三角一体化高质量发展的驱动轮，加快推进区域双向开放。

第一节　政策落地

2024年，商务区紧紧依托虹桥国际开放枢纽政策，发挥制度型开放先行先试的优势，对标CPTPP和DEPA等国际经贸规则，勇当改革开放的试验田，推动重大政策、重点任务取得新进展，更好为国家试制度、测压力、探新路。

一、推动升级版政策落地生效

商务区在市有关部门指导和支持下，在各相关区配合和帮助下，全面对标对表虹桥开放枢纽建设升级版政策，明确工作职责、细化工作路径、完善推进机制，细化落实路径和应用标准，全面推动各项政策举措落实落地，取得良好成效。

（一）进一步推动高水平对外开放，为国家试制度测压力

商务区与市商务委紧密对接，推进实施《上海市关于创建"丝路电商"合作先行区方案》，落实《虹桥国际中央商务区关于全力推进"丝路电商"合作先行区的三年行动方案（2023—2025）》。鼓励商务区重点贸易企业积极参与Peppol国际电子发票试点，加大数字人民币在跨境电商等新型贸易领域的应用，围绕对接CPTPP等，培育跨境电子发票互操作、跨境商品溯源、跨境互助通关、跨境数据流动安全评估（6家）、跨境数据流动备案（3家）、跨境数字人民币应用（2家）等应用场景14个，超额完成（全

年10个）；启动"丝路电商"数字技术应用中心，三省一市共建电子口岸。长三角三省一市电子口岸在虹桥国际开放枢纽现场会上签署"丝路电商"数字技术应用合作协议，推广跨境电子发票互操作、跨境商品溯源、跨境互助通关等技术应用至长三角电子口岸，提升贸易便利化水平。航贸再保险场景首笔数字人民币跨境支付业务成功办理。形成整车运输数字孪生应用、零代码、区块链的应用服务整车、零部件供应链、智能关务平台等赋能案例。

通过上述政策举措，商务区既注重自身创新引领区域高质量发展，也注重借力借鉴其他地区的功能平台和成熟经验，充分发挥进博会作为双向开放的要素链接、产能链接、市场链接、规则链接的重大战略平台作用，形成特色鲜明的多层次政策体系，多角度改革创新制度供给，充分发挥改革创新"试验田"作用。

（二）进一步强化国际定位，优化营商环境

商务区深入调研摸清底数，结合核心区城市更新等工作，推动部分楼宇改造提升，以搭建平台、制定规则、双向互动等方式，完善长三角会客厅方案，充分发挥商协会作用，为长三角区域全面推进双循环格局，提高双向开放水平创造更好的平台。开展商务区及周边地区专项规划研究，全面优化"大虹桥"功能格局和空间网络系统，更好地衔接"两带"。同时充分发挥商务区现有功能优势，推进长三角民营企业总部集聚区建设，助推民营企业实现总部在商务区、生产基地布局长三角的发展格局，实现区域互动双赢。

通过落实上述政策举措，发挥商务区优势，进一步优化营商环境，强化"一核"与"两带"合作交流，推动长三角高端服务功能共享共用，畅通长三角特色政务服务，促进长三角产业联动、企业互动、资源流动。

（三）进一步强化枢纽地位，提升"五个中心"核心功能

商务区主动对接市非管办、市商务委、市贸促会，细化推进政策实施，加强国际组织集聚，优化功能布局，充分发挥海外贸易中心平台作用，优化修订新一轮专项资金政策，不断提升国际化视野，着力构建国际交流合作的工作网络。2024年，已完成国际设计科学学会、德国教育与科学技术促进会、新加坡亚洲公益投资网络、澳门中小型企业联合总商会、亚洲公益事业研究中心、亚美尼亚中国合作关系发展中心、英国上海商会、巴西亚马逊华商协会8家机构入驻，并研究制定虹桥海外贸易中心2.0版方案。

升级版政策提出"依托全球数字贸易港加快培育发展数字内容分发、知识产权交

易等知识密集型服务贸易。"商务区管委会积极培育和引进一批知识密集型服务贸易，推动国家对外文化贸易基地北虹桥创新中心平台建设，帮助企业与上海知识产权交易中心对接需求，成立知识产权维权平台，服务知识密集型服务贸易企业。全球数字贸易港建设逐步成势，围绕跨境电商、数字内容、数字服务及行业应用和云服务，吸引数字企业超7 000家。

二、对标高标准高水平国际规则

商务区对标高标准、高水平的国际规则制度体系，放大进博溢出效应，创新国际贸易，推动高端要素资源优化配置。

（一）建立电子口岸数字技术应用合作机制

3月1日，在虹桥国际开放枢纽2024年工作现场会上，上海亿通国际股份有限公司、江苏省电子口岸有限公司、浙江电子口岸有限公司、安徽谦通信息科技有限公司和上海亚太示范电子口岸网络运行中心等单位共同签署《虹桥国际开放枢纽"丝路电商"电子口岸数字技术应用合作协议》，标志着"丝路电商"合作先行区已经取得的部分制度型开放成果辐射至长三角地区，数字化赋能长三角高质量一体化发展取得新进展。

合作项目依托亚太示范电子口岸网络（APMEN）国际合作机制，发挥商务区平台优势，运用云计算、区块链、大数据等技术，在长三角地区推广跨境互助通关、跨境电子发票互操作和跨境商品溯源试点。上述制度型开放成果有助于提升贸易便利化水平，提高跨境贸易效率。其中，深化跨境互助通关试点，搭建基于贸易、物流数据的合规通道，为长三角"丝路电商"企业提供"一次申报、双边通关"服务，实现出口企业向中国电子口岸执法系统提交申报数据后，中国电子口岸执法系统生成符合中国和贸易对象国海关通关要求的申报数据。此试点将有效减少通关成本。推广跨境电子发票互操作。上海电子口岸已对接泛欧在线公共采购平台（PEPPOL），建设跨境电子发票互操作平台。较传统纸质发票，电子发票更安全灵活、成本低，可提高跨境交易效率。拓展跨境商品溯源应用范围。跨境商品溯源系统收集商品供应链各环节关键信息，运用区块链"去中心化""不可篡改"等特性，为消费者、贸易商、监管部门提供真实且不可篡改的溯源记录，实现商品来源可查、去向可追，切实保障消费者权益，已在宝玉石进口追溯中运用，并将进一步拓展跨境溯源商品品类至红酒、医药器械、生鲜食品等。

（二）助力提升与RCEP成员国贸易额

2024年对RCEP成员国进出口额152.64亿元，较2023年同比增长19.73%，其中，自澳大利亚进口贸易额同比增长73.45%、自越南进口贸易额同比增长64.97%、自东盟的进口同比增长21.44%，日本成为商务区第二大出口国。RCEP企业咨询服务站（虹桥站）围绕"一站式"信息服务、"国际化"专业服务、"专业化"培训服务、"一体化"风险防范等四大核心功能，助力企业把握RCEP规则红利，支持企业依托虹桥联动长三角的功能优势深耕中国市场，立足虹桥走向世界，使虹桥真正成为RCEP框架下推动国际经贸合作的"彩虹桥"。

创新推出RCEP企业服务咨询站（虹桥站）线上平台。2024年7月19日，商务区举办"RCEP企业服务咨询站（虹桥站）线上平台启动仪式暨惠企·虹桥系列活动"发布仪式，正式推出RCEP企业服务咨询站（虹桥站）线上平台，发布"惠企·虹桥"系列活动，并为首批业务专家颁发证书。其中，RCEP企业服务咨询站（虹桥站）线上平台，在最优税率查询、原产地规则查询、原产地证书办理的基础上，推出跨境供应链规划模块、出海服务专区以及长三角服务板块，提供关税筹划、供应链规划以及跨境合规等一站式服务，企业可便捷地获取定制化解决方案，以应对复杂多变的国际贸易环境，提升运营效率与竞争力。出海板块聚焦"信息咨询、项目投资、专业服务、风

图4-1　RECP企业服务咨询站（虹桥站）线上平台上线仪式

险防范"核心功能，为企业提供全生命周期出海服务，覆盖10个RCEP国家233个境外投资项目。

打响"惠企·虹桥"活动品牌。针对泰国、越南、日韩、东南亚等热门投资国家，围绕财税、法律、供应链、AEO认证等具体问题，RCEP企业服务咨询站（虹桥站）开设国别专场、跨境供应链专场、数据专场、金融专场等活动，为企业提供免费的专业培训和实操经验分享，帮助企业更好地熟悉和利用RCEP规则。全年推出活动12场，吸引线上线下5 000余家企业参与，地区覆盖江浙沪皖长三角地区，如2024年8月16日，咨询站举办"走进长三角东南亚投资专场活动"，邀请5位业内权威专家依次授课，就东南亚市场所蕴含的机遇与面临的挑战，为线上线下1 400多名与会者献上了一场精彩的分享。

图4-2 "惠企·虹桥"系列活动发布

（三）深入实施全球数字贸易港建设

商务区深入实施全球数字贸易港建设，持续优化数字贸易软硬件服务环境，加大专项政策支持力度，打造国际化数字贸易规则体系，集聚具有虹桥特色的数字贸易产业，为数字贸易的健康发展提供有力保障，构建了创新、活力、开放的数字贸易发展生态圈。

11月6日,虹桥数字贸易产业联盟在"2024贸易数字化与跨境电商发展论坛"上正式成立,联盟集聚了长三角数字技术贸易、数字服务贸易、数字产品贸易、数据贸易、跨境电商等领域龙头企业、数字贸易相关的专业服务机构以及行业组织与科研机构等,科大讯飞、震坤行、邓白氏、黑湖科技、华测导航、欧图、爱奇艺、InnoMatch、仪菲、联通、一达通、中国电子商会、上海跨境公服、江苏金服等52家单位成为首批联盟成员。

虹桥数字贸易产业联盟将围绕政企合作,提升企业服务力、产业赋能力、社会影响力。重点推动数字贸易产业及跨行业技术、市场、人才、活动等方面资源的整合与共享。支持联盟成员用好商务区国际化专业服务资源,助力企业数字化转型和绿色化发展,依托虹桥海外发展服务中心"走出去"拓展国际市场。鼓励联盟成员发挥行业龙头作用和产业优势,搭建数字贸易企业成长中心、数字贸易促进中心。鼓励联盟推动行业自律,发布行业研究报告、行业指数、白皮书等。

图4-3 虹桥数字贸易产业联盟启动仪式

第二节 "走出去"平台

商务区加快建设"走出去"平台，支持长三角企业加快推进全球化战略，努力把商务区建设成为企业进军海外市场的重要通道和基地。作为"走出去"平台的核心主阵地，虹桥海外发展服务中心于2024年3月成立，平台集政务服务和专业资源于一体，以"延展服务链条、拓展国际网络、强化创新赋能"为关键，逐步强化核心功能，持续打响"出海入华 虹桥领航"的服务品牌，聚力打造长三角本土企业走向世界的"桥头堡"和"加速器"。

商务区立足企业"走出去"多元化需求，充分发挥国家战略叠加和开放枢纽优势，按照"政府引导、市场主体、政策支持、多方联动"原则，联合东浩兰生集团、地产集团共同组建虹桥海外发展服务中心。服务中心整合政务服务和市场服务，聚焦"信息咨询、专业服务、项目投资、风险防范"四大核心功能，以专业化、国际化、数

图4-4 "走出去"专业服务机构联盟启动仪式

字化专业服务体系为依托，建设服务企业"走出去"的线上线下一站式综合功能平台。虹桥海外发展服务中心通过搭建一个联盟、推出三张清单、促进多维联动，构筑"1+3+N"服务网络：

搭建一个联盟。虹桥专业服务联盟汇集包括中信保、毕马威、邓白氏在内的71家专业服务机构，围绕市场拓展、涉外法律、国际金融、知识产权、国际会展、数字化转型等10个领域，提供基础咨询服务与定制化解决方案，构建互联互通的国际服务网络。

推出三张清单。围绕活动清单，举办涉外服务方案推广会、跨境投资法规剖析及案例分享会等活动，涵盖英国、新加坡、越南、日本等30个国家和地区，服务上海及长三角千家企业，围绕新能源、医疗器械、餐饮、游戏出海等形成特色；围绕政策清单，商务区制定《虹桥国际中央商务区关于打造企业"走出去"服务高地的支持政策》，覆盖企业出海前、中、后三个阶段，通过发放"走出去"专业服务券、境外投资项目贴息贴费等多种方式助力企业开拓国际市场；围绕服务清单，聚焦市场拓展、涉外法律、国际金融、数字化转型等10个领域推出47项服务清单。

促进多维联动。虹桥海外发展服务中心积极与其他阵地形成多维联动。一是线上线下联动。大虹桥全球投资并购在线项目库实现资源高效对接，为企业提供便捷的海外项目资源获取渠道。二是区域协同联动。支持各片区依托自身优势，陆续设立服务跨境电商出海的东虹桥分中心，聚焦专精特新出海的北虹桥分中心，聚集数字化转型和上海品牌出海的南虹桥分中心，加强区域内资源整合和企业合作。三是长三角联动。推动长三角"一带一路"高质量发展促进会落户虹桥，作为国家发展改革委牵头、民政部批准设立、中国贸促会作为主管部门的跨区域社团组织，长三角"一带一路"高质量发展促进会为长三角参与"一带一路"建设注入新动力。促进会以"认真贯彻落实党中央关于共建'一带一路'高质量发展和长三角一体化发展的有关要求，践行共商共建共享原则，以高标准、可持续、惠民生为目标，发挥长三角区域联合优势，助推长三角区域'一带一路'建设高质量发展"为宗旨，积极开展跨行政区划的信息互通、资源共享、品牌共建，为企业参与共建"一带一路"提供国际化、便利化、高水平的法律、金融、会计等服务，为推动共建"一带一路"高质量发展探索新的路径、作出新的贡献。四是海内外联动。协调推动虹桥海外发展服务中心（德国）正式揭牌运营，标志着虹桥支持长三角企业"走出去"布局首个海外服务网络，国际服务功能不断拓展增强。

2024年，虹桥海外发展服务中心成功举办100多场线下出海活动，参与企业超过1 000家，帮助近30家企业出海布局，打造大虹桥全球投资并购在线项目库，助力261家国内注册企业成功对接134个项目资源，较好实现了从零到一的突破。

图4-5　虹桥海外发展服务中心现场活动

第三节 "丝路电商"辐射引领区

创建"丝路电商"合作先行区是推进高质量共建"一带一路"、积极推动电子商务国际合作的重大举措。2023年10月，国务院批复同意《关于在上海市创建"丝路电商"合作先行区的方案》，明确在商务区打造"丝路电商"辐射引领区。2024年7月，长三角区域合作办公室印发的《长三角地区一体化发展三年行动计划（2024—2026）》指出，支持商务区打造"丝路电商"合作先行区辐射引领区，加大进博会与长三角各地展会的联动力度。2024年，商务区深入实施"丝路电商"合作先行区行动计划，围绕"丝路电商"三年行动计划，全部启动15项任务举措，任务举措落地率达90%，不断为"丝路电商"高质量发展试制度、探新路。

一、设立"丝路电商"数字技术应用中心

"丝路电商"数字技术应用中心是商务区打造"丝路电商"合作先行区辐射引领区的重要抓手，旨在以区块链、大数据、物联网等技术，探索实现"丝路电商"重点商品全程溯源，开发更多消费新场景，做好交易真实性审核等，在跨境贸易通关、电子发票、风险监测等应用技术方面形成示范。中心将以企业需求为导向，依托上海电子口岸，按照商务区管委会、上海海关、亿通公司、亚太示范电子口岸网络运行中心、虹桥品汇等单位联合共建的方式推进。中心通过搭建底层框架和提供基础技术支撑，在跨境通关、"丝路云品"信用链、虹桥国际咖啡港专业品类线上集散中心等方面已做了初步探索。此外，"丝路电商"数字技术应用中心还将为虹桥贸易数字化赋能中心提供技术支撑，持续提升国际贸易数字化和便利化水平，打造成为以数字化技术促进国际贸易应用创新的策源地。

二、推进一批重点项目和特色主题活动

落地"丝路云品"联盟。"丝路云品"联盟首批成员单位包括相关贸易促进机构、"丝路电商"国家馆、电商平台以及服务机构。该联盟通过组织开展"丝路云品"贸易对接，举办"丝路云品"主题促销、特色产品推介会和投资说明会等活动，并定期组

织开展行业交流，促进"一带一路"共建国优质产品引入国内市场，助力电商行业紧抓"丝路电商"发展新机遇。

举办"丝路云品"等系列主题活动。11月7日上午，第七届进博会配套活动——"丝路电商"合作创新发展大会暨2024全国"丝路云品"电商周启动仪式在国家会展中心（上海）成功举办。本次大会以"共享丝路新市场，共赢电商新发展"为主题，发布《"丝路电商"合作先行区发展报告2024》，启动2024全国"丝路云品"电商周，旨在通过进博会和"丝路电商"合作先行区两个国家级平台联动合作，进一步放大进博会溢出效应，便利进博会参展企业通过电子商务渠道进入中国大市场。

大会正式启动2024全国"丝路云品"电商周。作为2024年全国性网络促消费矩阵的收官活动，2024全国"丝路云品"电商周于11月7—13日举办。"丝路云品"电商周由智利、泰国、阿根廷、澳大利亚、乌兹别克斯坦等5个国别主题日活动，以及东南亚咖啡节、南美葡萄酒节、中亚风情文旅节、"丝路云品"美食节、丝路云品进博集市等5个特色主题活动组成，绿地全球商品贸易港、虹桥品汇、携程等企业重点聚焦"进博好物""国别优品""数实融合"等方面，广泛动员重点电商平台、进出口企业、直播基地、商圈商场、丝路电商国家馆和"一带一路"国家贸易促进机构参与，旨在不断

图4-6 "丝路电商"合作创新发展大会暨2024年全国"丝路云品"电商周

丰富国内"丝路云品"消费供给，积极促进"丝路云品"商贸对接，推动伙伴国共享中国大市场。

大会围绕"共塑规则、共享市场、共建能力"主题，签约了一批高能级、具有前瞻性和带动效应的国际合作项目，"丝路电商"虹桥国际咖啡港咖啡跨境溯源项目、"丝路电商"中欧班列（上海）跨境电商货物运输服务、"丝路电商"中通越南东南亚区域分拨中心、"丝路电商"伙伴国间跨境电子商务合规数据共享通道共建项目以及"丝路电商"绿色农产品新贸易新服务与"丝路好物"直播合作项目等，均有商务区相关企业参与共建工作。

本次大会还特设丝路生态区，全市40家企业在此设立展台，商务区内锅圈食汇、欧图、阿里巴巴国际站、亿电通、百秋、中国信保、东方商业、虹桥品汇、绿地全球商品贸易港、义达跨境、圆通速递、韵达国际、中通云仓、东方丝路、申通快递等15家企业参展，并于现场举办对接会，进一步促进供需对接、提升发展动能。

三、进一步提升虹桥国际咖啡港能级

在"丝路电商"合作先行区的创建过程中，虹桥国际咖啡港积极应用数字区块链技术建设线上平台，推动形成数字领域国际合作新格局，在"丝路电商"先行区创建中积极发挥辐射引领作用。

（一）共塑规则，建设线上平台

"虹桥品汇咖啡港线上平台"于2024年5月正式上线，为咖啡产业链各主体提供一站式线上服务，是由虹桥品汇与亿通国际、建行共同开发建设"一带一路"数字咖啡产业链项目，已作为区块链应用典型场景，在2024全球数商大会上发布。

（二）共享市场，打造贸易中心

虹桥国际咖啡港载体化运营两年来，依托保税物流中心前店后库模式，形成从供给端到消费端的产业集成。集聚了全球58个国家上百家企业的咖啡类商品。依托平台企业，推出"百商万店"计划，已服务和连接了1 000多家精品咖啡馆和咖啡角，带动贸易额30亿元。

（三）共建能力，强化人文交流

虹桥国际咖啡港响应"丝路电商"发展人才建设的需求，与上海市人社局技师协会达成深度合作，与瑞幸、Tims、麦咖啡、太平洋、Seesaw、Nowwa等大型连锁咖啡品牌结成上海咖啡联盟，共同参与编制和发布中国咖啡师职业认证标准。虹桥国际咖

啡港每年举办咖啡类活动超过50场，参与人数超过3 000人次。连续5届举办上海咖啡大师赛，连续3届承办上海国际咖啡文化周。牵头发布《中国城市咖啡发展报告》白皮书，其中上海继续以9 553家咖啡馆的数量继续蝉联全球咖啡馆最多的城市，这一数据得到全球媒体关注及报道。2024年主办全球咖啡产业虹桥论坛，埃塞俄比亚等咖啡主产国使领馆应邀出席，举办"拉美杯咖啡发展论坛""巴西咖啡日"等活动，促进"一带一路"国家与中国的咖啡贸易。通过论坛、白皮书发布等方式，已形成信息发布的平台功能。

图 4-7 虹桥国际咖啡港

四、形成一批兼具典型性、创新性、辐射性的发展案例

11月6日，在第七届进博会配套活动"2024贸易数字化与跨境电商发展论坛"上，商务区"丝路电商"辐射引领区创新发展案例正式发布。案例内容涉及面广、针对性强，反映了"丝路电商"辐射引领区建设的新进展、新成效、新经验和新智慧。

推动开放举措先行先试。东方丝路开通中欧班列远欧精品线，联通12个国家100多个城市；圆通速递持续落地超50条跨境电商物流专线，与哈萨克斯坦携手打造中亚

图4-8 "丝路电商"辐射引领区创新发展案例发布

最大电商物流中心；阿里巴巴国际站打造"丝路电商"品牌出海桥头堡，助力长三角企业跨境出海更高效。

放大中国进博会辐射效应。虹桥国际咖啡港集聚越南、牙买加等58个"一带一路"沿线国家上百家企业的咖啡，服务和链接1 000多家精品咖啡馆和咖啡角；绿地全球商品贸易港与塞尔维亚合作，促进中塞商贸文化双向交流；百秋尚美助力"丝路电商"时尚品牌绽放中国市场，提供一站式数字化零售综合运营解决方案。

加强"丝路电商"合作交流。联采企业可持续发展服务中心累计发布采购信息5.5万余条，助力800余家中国企业成为联合国供应商；中国电子商会跨境电商委员会实施跨境电商国际人才发

图4-9 "丝路电商"塞尔维亚美酒节

展计划，补齐小语种主播匮乏短板；有色网联合印尼镍矿协会发布了一系列镍产业价格指数，直接应用于印度尼西亚与菲律宾交易结算，推动东南亚的有色金属产业发展。

案例1
跨境电商国际人才发展计划，推进人才培养可持续

国际跨境电商人才培养项目旨在培养全球融合型创业新人才，帮助全球各国通过电子商务参与全球国际贸易，开拓全球市场，针对各国消费特征，实现产品新升级，完成货物全球流通，促进全球各地区的经济发展。商务区为推进跨境电商国际人才发展计划的可持续性开展，将该计划列入"虹桥国际中央商务区丝路电商三年行动方案"。

1. 主要做法

连接各国资源，搭建服务平台。跨境委通过与各国政府机构、国际商会组织深入对接，在多次的联合国和国际间交流活动中获得广泛认可，同国内各地行业协会、领先企业以及各类相关院校合作，举办全球范围内的展示交流和行业峰会论坛活动，对接各地跨境产业园项目，开展全国跨境电商业务培训，为跨境电商行业搭建一站式的精准对接和培育行业人才的综合性服务平台。

签署战略合作，共建交流平台。在2019年第二届进博会上，中国电子商会和联合国国际贸易中心联合主办了"2019中国国际跨境电商发展高峰论坛"，在大会上签署了战略合作协议，"跨境电商国际人才发展计划"正式成为中国电子商会和联合国国际贸易中心的重要合作成果之一。双方一致同意建立一个人才发展和交流平台，以帮助更多国际青年人才进入中国学习，让其能够在实践中提升自己的能力和素质，为跨境电商行业的发展作出贡献。

理论实践结合，深入跨境电商。2023年7月第一期"跨境电商国际人才发展计划"训练营正式启动，时长一个月的培训包括为期一周的高强度训练营和为期四周的针对性的企业实习。14名来自多个发展中国家和地区的国际学员和11名优秀的中国学生共同参加了"2023跨境电商国际人才发展计划"训练营。训练营的内容涵盖了跨文化市场、电商数据分析、跨境电商供应链、跨

境电商直播等多个方面，由资深专家全方位讲解，同时结合实际案例和企业参访，让学员们能够深入了解跨境电商的理论和实践。

培训成果丰硕，架起沟通桥梁。训练营结束后，学员们进入为期四周的各自实习企业实习，既体验了跨境电商的工作流程和挑战，又展示了自己的才华和潜力。训练营的学习使得中国学员开拓了国际视野，同时也让国际学员能够更深入地了解中国的商业环境和优势。训练营的成果令人惊喜，不仅有多名学员获得了实习企业的正式录用，还有多名学员获得了创业的机会和支持。

校企合作共建，补足企业短板。2024年1月和7月，在中国电子商会跨境电商工作委员会的指导下，先后在湖北工程职业学院开展了两期全球跨境电商人才培训。来自南通两所院校的20多位"一带一路"国家的留学生参加了培训。培训围绕跨境电商平台通过理论和实战学习，留学生们分工协作、相互配合、从零开始系统学习跨境电商实战运营知识。培训广受留学生同学的好评，也得到了联合国ITC的大力支持。在培训后，跨境委积极推荐优秀留学生到南通新星产业园区实习，解决了园区企业缺少小语种直播的困境，有留学生在学习跨境电商直播的当天就产生了订单。

2. 主要成效

本项目得到联合国国际贸易中心、中国电子商会等部门高度认可，并肯定这一创新模式能有效地培养跨境电商人才，促进贸易数字化的发展，增强贸易的包容性和可持续性。同时，该计划被列入"虹桥国际商务区丝路电商三年行动方案"，以期巩固跨境电商国际人才发展计划的成果，推进跨境电商国际人才培养计划可持续性开展。

图4-10 "跨境电商国际人才发展计划"结业证书颁发

构建"丝路电商"服务体系。携程集团成立亚洲直播中心,选址泰国,拓展国际市场;欧图电子商务聚焦中国卖家跨境出海难题,携手中国品牌扬帆出海欧洲市场;InnoMatch开辟"丝路电商"新通路,吸引来自36个国家和地区的科技型企业发布技术需求,累计征集4 190项成果,促成跨境技术贸易签约金额3亿元。

图4-11 InnoMatch全球技术供需对接平台

第四节　2024虹桥HUB大会

11月6日，虹桥国际经济论坛·虹桥国际开放枢纽建设分论坛暨2024虹桥HUB大会在国家会展中心（上海）召开。本次大会由上海市人民政府、商务部共同主办，商务区管委会承办。

作为进博时刻虹桥的"主场亮相"，虹桥HUB大会第四次如约而至。本次大会牢牢把握"发展新质生产力是推动高质量发展的内在要求和重要着力点"，以"加快提升虹桥国际开放枢纽辐射能级　全面培育发展新质生产力"为主题，以"活力聚枢纽　变革育新力"为主线，邀请国内外顶尖专家学者、业界代表，对虹桥在进一步全面深化改革中更好肩负国家使命，作出更大贡献分享真知灼见。

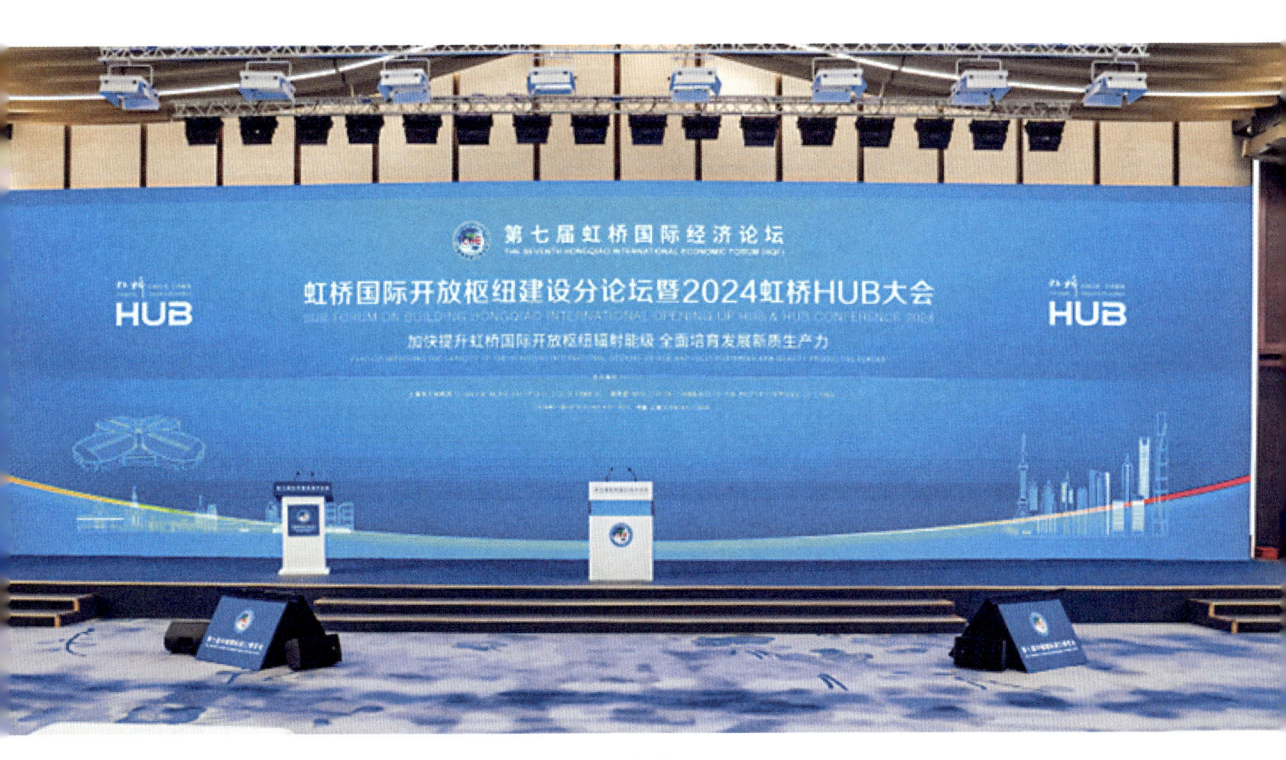

图4-12　2024虹桥HUB大会

一、深化科技创新与开放功能

虹桥国际开放枢纽连接对内对外两个扇面,国家战略叠加,资源禀赋独特,对于因地制宜培育发展新质生产力,推进高层次协同开放意义重大。

中国社会科学院大学教授、国务院原副秘书长江小涓在演讲中,着重阐释了汇集交通、商务、创新等功能的综合性枢纽,在当下变革时代将要承担和发挥的战略功能和关键作用,并寄语虹桥进一步提升影响力、吸引力、辐射力等"三力",加速夯实基础、提升优势,持续强化国际开放枢纽功能。

图4-13　江小涓在第七届虹桥国际经济论坛演讲

中国国际经济交流中心副理事长王一鸣的演讲,进一步阐述了因新科技革命而深刻改变的枢纽核心功能、发展形态和辐射能级,深度解读了数智技术对驱动新质生产力发展的重要价值,并为虹桥通过强化"大科创"功能,加快增强枢纽功能、提升辐射能级,引领长三角高质量发展提供了宝贵建议。

图4-14　王一鸣在第七届虹桥国际经济论坛演讲

二、深化数智赋能

近年来,以数智领域为代表的新技术不断突破、新业态持续涌现、新应用加快拓展。枢纽对于激发数智产业驱动范式变革作用显著、前景广阔。

全球数智领域最受瞩目的发言人之一,牛津大学网络学院互联网治理与监管专业教授维克托·迈尔-舍恩伯格(Viktor Mayer-Schönberger),其报告分享了他对

图4-15　维克托·迈尔-舍恩伯格在第七届虹桥国际经济论坛演讲

当前全球数智创新的趋势洞见，对比了虹桥和硅谷两者的创新要素，剖析了两者成功的相似性。尤其着重解读了以发展人工智能为代表的数智产业之于两者同样令人期待的典范意义。

复旦大学副校长、教育部"长江学者奖励计划"特聘教授姜育刚从人工智能研究者视角，强调了在发展人工智能过程中可信和安全的重要性，并介绍了当今方兴未艾的具身智能领域的最新进展和发展要点。

图4-16　姜育刚在第七届虹桥国际经济论坛演讲

三、深化绿色发展

当前，世界绿色低碳及可持续议程影响深远，我国绿色低碳循环发展经济体系正加快建设。构建绿色低碳循环经济体系，积极参与和推动全球供应链绿色转型，促进构建符合ESG价值理念的绿色经济模式，引领区域降碳增效，都是枢纽责无旁贷的重要任务。

德勤亚太可持续发展主管合伙人威尔·西蒙斯（Will Symons）的报告，解读了中国在全球工业脱碳和清洁能源价值链中的作用，并基于国际能源署《2024年世界能源展望》，结合中国全面绿色转型、打造绿色低碳循环经济体系，分享了独到见解。

江森自控亚太区总裁朗智文（Anu Rathninde）从江森自控亚太总部选择落户虹桥的原因切入，讲述了虹桥的战略区域优势、创新协同生态、总部经济集聚等战略特质，对于企业有效推进产业创新、聚合要素资源的重要意义，并分享了其在可持续生态领域的前沿案例。

四、深化枢纽建设

本次大会最后，上海科学智能研究院首席战略官、复旦大学经济学教授杨燕青，上海长三角技术创新研究院副院长古元冬，上海浦东发展银行副行长康杰，Xenario飞来飞去创始人、德国新媒体艺术家飞苹果（Alexander Brandt），上海时的科技有限公司创始人兼CEO黄雍威等嘉宾，基于微观视角的切身感受，进一步诠释了"国际开放枢纽能级提升与发展新质生产力"的论坛主题，并且共同展望了虹桥链接内外扇面、协

图 4-17　圆桌论坛

同创造价值的更加美好的广阔未来。

向改革要动力，向创新要活力。本次大会深度诠释了虹桥国际开放枢纽紧扣一体化、高质量和国际化要求，以"大科创"赋能"大交通""大会展""大商务"，持续提升辐射能级的蓬勃活力和全新气象，生动描绘出虹桥在努力推进中国式现代化中的奋进姿态。通过凝聚"虹桥共识"，贡献"虹桥智慧"，为进博盛会增添了一抹来自虹桥的"主场亮色"。

五、配套边会情况

在相关部门支持下，管委会还成功举办了新能源企业出海、低空经济、人工智能等3场主题边会。

（一）新能源企业出海主题边会

第七届进博会开幕之日，作为本届进博会上海会议活动之一，由上海市商务委员会、虹桥国际中央商务区管委会主办，闵行区人民政府协办，毕马威中国、毕马威全球中国业务发展中心承办的"聚能虹桥"新能源企业出海主题闭门会在商务区举办，会议围绕企业出海这一热门话题，与海内外的投资家企业家一起共话发展、共谋机遇。

会议围绕企业出海这一热门话题，探讨当前形势下新能源企业出海应如何抓住机遇、应对挑战。会上，商务区管委会党组成员、副主任张斌与联想控股副总裁李璟代表双方签约达成战略合作协议。北京大学国家发展研究院教授邓子梁，毕马威中国副

图4-18　新能源企业出海主题闭门会

主席、客户与业务发展主管合伙人江立勤，邓白氏中国区副总裁薛文分别作交流发言。会上还举行了中国信保2024版《国家风险分析报告》长三角地区首发仪式。闭门会共吸引近90位嘉宾参加，其中包括晶科电力、国轩高科、蔚来汽车等30多家新能源产业链企业海外业务负责人。

（二）低空经济主题边会

为加快培育和发展新质生产力，推动上海低空经济高质量发展，根据第七届进博会上海会议活动总体安排，由上海市经济和信息化委员会、上海虹桥国际中央商务区管理委员会主办，上海市长宁区人民政府、上海市青浦区人民政府协办，上海通用航空行业协会承办的"低空经济新篇章　虹桥枢纽新动能"研讨会于2024年11月6日顺利举行。

研讨会上，商务区管委会、苏州市人民政府、嘉兴市人民政府、芜湖市人民政府，开展虹桥国际开放枢纽低空经济协同共建签约。根据共建协议，四地将发挥虹桥国际开放枢纽建设和长三角一体化发展等多重国家战略叠加的政策优势，在协同推进基础设施规划建设、协同规划城际航线骨干网络、协同开发丰富多元的场景应用、协同促进低空产业高质量发展、协同开展关键技术创新研发等方面加强合作，加快推动

图4-19 "低空经济新篇章 虹桥枢纽新动能"研讨会

长三角低空经济高质量发展，打造全国跨省市低空经济协同发展的示范。同时，发布了虹桥国际开放枢纽城际低空试验航线，布局虹桥、苏州、嘉兴、芜湖四地，涵盖虹桥蟠龙天地、太仓航站楼、松江直升机基地、昆山航站楼、芜湖芜宣机场等地，聚焦商务出行、文旅体验、医疗救援、消防应急、社会治理等丰富多元的应用场景，以全域应用牵引低空经济产业链形成闭环，加快构筑沪苏浙皖"长三角低空经济走廊"。同时邀请陈志杰、吴光辉院士等专家进行主旨演讲并与重点企业嘉宾进行互动讨论，共同探讨低空经济的发展趋势、产业动态、管理创新等，进一步发出虹桥声音、上海声音。

（三）人工智能主题边会

11月6日，作为第七届进博会上海会议活动之一，由上海市经济和信息化委员会、上海虹桥国际中央商务区管理委员会主办，上海市长宁区人民政府协办，上海市人工智能行业协会承办的"聚焦AI+助燃新质生产力"主题闭门会在虹桥绿地铂瑞酒店成功举办，会议围绕"AI+助燃新质生产力"这一热门话题，与行业内院士、专家及企业家一起共话发展、共享经验。

此次"聚焦AI+助燃新质生产力"闭门会，旨在搭建一个交流与合作的平台，深

图4-20 "聚焦AI+助燃新质生产力"闭门会

入探讨人工智能的未来发展趋势、技术创新以及应对策略。上海将继续发挥其在人工智能领域的引领作用,紧抓通用人工智能的发展机遇,加速推进人工智能技术在新质生产力中的应用,通过智能技术推动生产关系和管理方式的创新变革,以更好地满足新时代下生产力发展的需求。

第五章　区域品质提升

2024年，商务区坚决贯彻市委、市政府决策部署，有序推进开发建设、功能打造、标志性CBD建设，为总部经济、功能性平台、专业服务业等高端要素落地提供高品质的承载空间。

第一节　标志性CBD城市更新

商务区按照三年行动方案提出的整体要求和重点任务，围绕标志性CBD城市更新规划，拓展"三师"（规划师、建筑师、工程师）联创机制，不断强化规划引领、资源统筹、政策叠加的工作融合机制，协调推进城市更新工作。

一、基本情况

一是落实"多师联创"，强化顶层设计。围绕提升核心区标识度、显示度，会同市规资局，组织上规院、仲量联行、华东院等国内外多家规划、设计团队，开展摸排调研、评估策划，研究编制标志性CBD城市更新单元规划实施方案、核心区商务楼宇更新提升方案。开展"1+3+N"的规划设计："1"即核心区规划设计方案；"3"即围绕关键问题，开展空间形态、生态景观、功能产业等3个系统性专题研究；"N"即针对多个重要更新节点，开展研究设计。

二是聚焦品质提升，滚动推进实施。结合产权主体更新意愿和规划设计研究策划，梳理形成城市更新项目清单，涉及功能平台、业态提升、功能转换、综合交通优化等四大类34个更新项目。其中，市场化项目25个，政府投资类项目9个。商务区管委会重点围绕打造标志性"H"空间，反复深化完善中轴线、西交平台项目改造提升方案。

同时，深入动员社会投资主体参与更新改造，协调推进龙湖一里九巷、诺亚财富、阿里中心、万科中心、梦百合、虹桥绿谷G栋等一批社会项目完成更新改造。

三是完善政策举措，加强服务保障。聚焦政策赋能，在用好市级层面城市更新政策的同时，商务区管委会正研究拟定生态环境和区域品质提升的专项资金补贴政策，支持规划前期研究、文体功能完善、高品质空间环境营造、能源设备技改等更新项目，更好地激发市场活力，调动产权主体参与城市更新。优化完善工作推进机制，会同闵行区相关部门和街道、地产虹桥公司共同组建工作专班，强化对核心区标志性CBD城市更新和商务楼宇更新提升工作的整体谋划、规划管控、计划实施、服务保障，以及商务楼宇运营情况监测季报。

二、重点项目

（一）诺亚财富中心室外广场及绿化空间改造提升

诺亚财富中心项目位于商务区核心区内，项目范围北至苏虹路，南至绍虹路、西至申滨南路、东至申武路，项目总建筑面积75 650平方米。土地性质为商业服务用地。此次改造主要是对诺亚财富中心室外广场及绿化空间进行改造提升，扩充周边公共绿

图5-1 诺亚财富中心室外广场

地等空间载体功能，通过疏通环境空间，调整植物配置，增加植物季变化，增设艺术小品，使整个区域呈现活力生机，更好地实现商务楼宇与室外空间的内外互动性。

项目改造内容主要有：西侧入口小广场景观改造；地面增设公共服务配套，提升项目景观灯光效果；进一步优化诺亚财富中心地下空间，推动公共活动功能对外开放，与地下大通道的衔接更顺畅；将圆筒形塔楼部分楼层改造成书屋，引入文化设施。

（二）中骏广场配套商业及附属空间提升

中骏广场位于商务区核心区北片区，是一个大型商办综合体，包含高品质写字楼、商业、公寓等业态，汇集了大量年轻活力群体。中骏广场整合旗下丰富的商业资源，注重"区域品牌首店"，结合项目特色打造差异化定位，打造漫生活主体街区，凝聚高端餐饮、轻餐饮、运动娱乐等多样化业态。此次改造通过优美、舒适环境氛围，提升功能配套，增加商业活力，打造具有独特魅力的新商业地标。

项目改造内容主要有：增加商铺外摆，提高底商商业氛围及昭示性；下沉式广场区域打造互动游乐区，增加互动装置，打造社交及儿童互动场景；中庭花园区域增设宠物乐园，创造宠物友好空间。下一步还将对北广场空间改造提升，提供人性化通行；楼宇计划嵌入引进0.2万平方米文化和体育类设施；南广场建设五人制足球场和篮球场。

图5-2　中骏广场商业街区

第五章　区域品质提升

第一节　标志性CBD城市更新

（三）梦百合大厦楼宇改造

项目位于申滨南路999号，总建筑面积约2.9万平方米。梦百合大厦楼宇更新改造项目实施后将有效缓解大型展会期间酒店紧张问题，充分利用现有闲置空间，既解决商办空置率高的问题，又通过品牌酒店带动周边整体品质和活力。

此次改造主要围绕打造约2万平方米的高星级标准酒店，并结合需求配备小型会议功能场所。以零压作为主要特色，为快节奏商务客群及中青年群体提供入住餐饮休息办公等需求，创造低碳、环保、轻松又时尚的空间。

酒店设计以"零压力""零焦虑""零碳"贯穿整体。从视觉、听觉、嗅觉、触觉、味觉五感出发，重构空间形式与色彩搭配，利用材料反映零压力特性。大堂以宽敞走廊连接各功能区域，同时进行缩小停车场入口路缘、换新酒店入口造型招牌、调整更新标牌设计、打造酒店屋顶花园、设置室外品牌墙及咖啡外摆区等改造，提升酒店外部景观效果。

（四）虹桥阿里中心项目更新提升

虹桥阿里中心位于虹桥枢纽核心的北片区，南靠润虹路、北临淮虹路、西接申长路，项目地上2栋9层和2栋8层办公楼、地下3层，总体建筑面积13.1万平方米。项目更新改造将引入中高端特色商务酒店，与区域内酒店互补形成良性带动，为商旅人士提供多种类选择，反哺办公与商业，打造"工作与生活都精彩"理念下的小型综合体。

项目改造内容主要有：打造0.5万平方米中国国风型商务酒店，将国风元素融入酒店设计细节中；提升改造申长路沿街商业界面，亮化橱窗及增加艺术装置，吸引人群停留；重塑广场空间，改造下沉式广场扶梯口，引入策展、市集、主题活动；改造地下一层花园，为市民提供放松心情、享受自然的景观空间。

虹桥阿里中心酒店改造项目是合理布局酒店业态、有效

图5-3　虹桥阿里中心项目——建国·璞隐酒店

缓解楼宇空置率的一项举措，既能满足商务区白领和商旅人士的住宿需求，也能进一步承接国家会展中心的溢出效应，助推区域经济高质量发展。

（五）中轴线交通功能综合提升项目

商务区与虹桥综合交通枢纽建设，开创了中国站城融合发展的新范例，国家会展中心的建设，使得整个片区呈现"三位一体"的发展格局。虹桥中轴是"三位一体"城市结构的联结带、交汇区和展示面。中轴线交通功能综合提升项目功能定位为：全面提升中轴线综合交通功能，扩大交通疏解空间，贯通地上地下空间，提升交通服务品质，提高商务区市民出行的便利度和体验感，形成市级慢行交通示范区，提升辐射核心区南北两翼的能力。

中轴线位于商务区最中心位置，一端连着虹桥枢纽西交通广场连廊，一头衔接国家会展中心二层步廊，东西长约620米，南北宽约110米，面积约7.1万平方米，项目周边集聚众多总部企业和商业综合体，是商务区最具标识度和显示度的区域。实施中轴线交通综合提升工程是完善区域交通体系、地区功能，放大大枢纽、大会展溢出效应的迫切需求。项目实施后将大幅提升该地区承接两大载体溢出客流的能力，通过增设网约车和大巴车临时候客点、非机动车停车区等设施，将优化部分节点与公交站点间的换乘流线，有效缓解虹桥枢纽和国家会展中心、商务区核心区的交通压力，发挥引流功能，提升客流换乘效率。同时，通过增加公共配套设施和公共休憩空间，带动周边楼宇功能更新提升，形成多元、复合功能区，进一步提升商务区公共空间品质和地区活力。

项目改造内容主要有：改造紧邻虹桥枢纽2号节点的封闭地下空间，增加电扶梯和楼梯贯通地面和地下，实现客流垂直交互转换。扩展紧邻国家会展中心的7号节点下沉式广场，有效对接直达国展二层步廊和地下大通道，在周边道路合理增加港湾式车道、会展团队大巴接客点、非机动车（含共享单车）停靠点和设施，有效保障进博会等重要展会。对靠近申长路71路中运量公交站点的4号节点进行适应性改造，迁移整合部分突出地面的设施设备，打开封闭阻隔空间，增加可停留空间。完善地面地下引导标识，全面提升慢行通行能力。适当嵌入文体、演艺等公服设施，提升公共服务功能，疏散旅客大客流，聚集商务客流。

项目建设目标主要有：中轴线的地上地下联通、垂直交通转换、联结疏散功能将显著增强；进一步提升虹桥枢纽及周边地区的网约车通行环境，规范非机动车（含共享单车）停放，有效缓解区域整体交通拥堵状况；公共服务、安全应急功能进一步完善，商务区公共活动空间进一步优化，有效改善虹桥枢纽、国家会展中心的大客流慢行通行环境，打造市级慢行交通示范区；虹桥综合交通枢纽和国家会展中心溢出效应进一步放大，带动周边地区更新提升，地区功能多元、复合，商务区核心区活力将得到大幅提升。

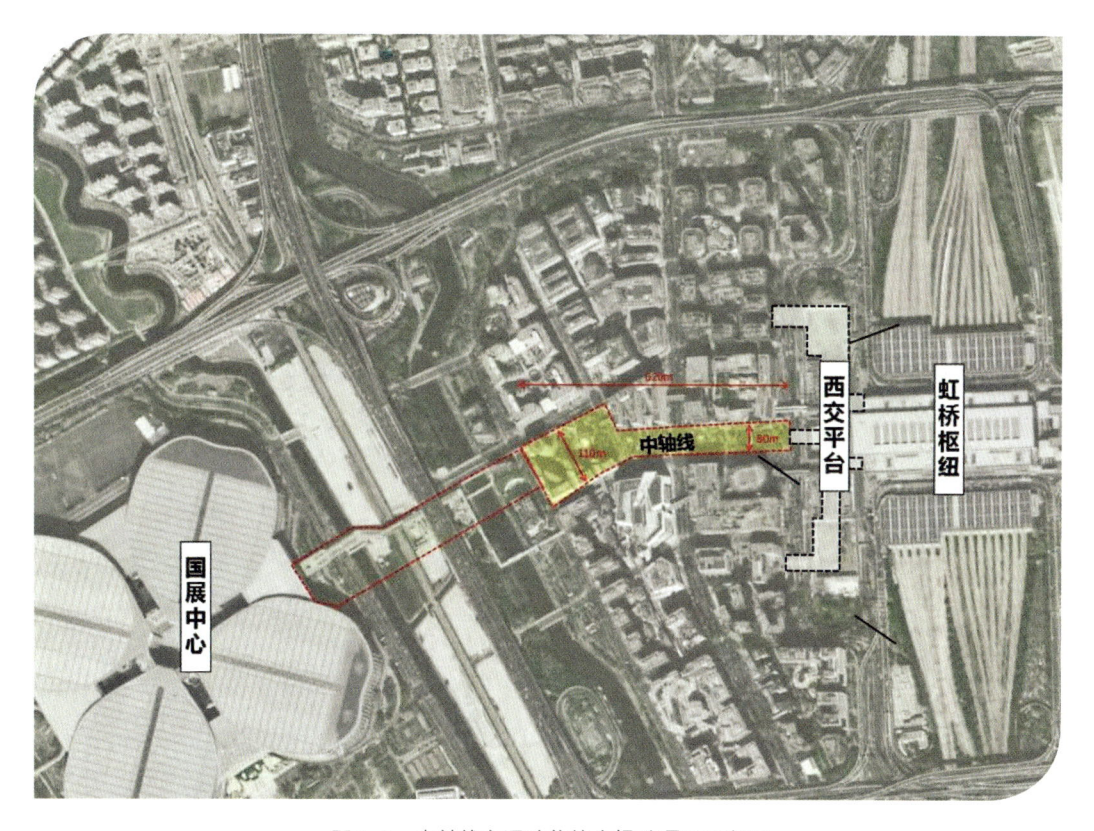

图5-4 中轴线交通功能综合提升项目示意图

第二节　综合交通优化

商务区以"建设辐射共享、内外联通的国际枢纽门户"为愿景，全面强化商务区辐射力、承载力和通达性，显著提升综合交通管理水平，加速形成联通国际国内的综合交通新门户，实现对外交通开放融合、枢纽交通集约高效、商务区交通品质卓越、会展交通保障有力、片区交通低碳活力的发展目标。

一、商务区核心区公共标识更新升级

商务区积极开展核心区公共标识更新升级工作，对虹桥枢纽、商务区核心区人行标识系统，进行完善、规范、更新、提升，进一步优化区内步行环境，强化枢纽内部及周边区域的标识系统，提升区内"最后一公里"出行质量。

本次更新升级范围东至虹桥机场T2航站楼，南至建虹路高架，西至国家会展中心，北至杨虹路高架，包括地下连通道、地面人行标识标牌、二层步行连廊标识标牌。标识更新升级工作采取分阶段分批次实施，工作任务包括整改中轴地下连通道名称规范化、图标规范化，增设枢纽内部会展、商务区方向指引，增设及规范化南北地下通道指引，增设绍虹路、申长路南北及东西向指引，增设西交二层平台指引系统等。

本次更新升级按照"识别性""引导性""实时性""一致性""友好性"原则，对核心区各商业地块及枢纽的地下、地面、二层步廊的人行标识系统进行统一规范化设计，对公共标识进行升级优化，为枢纽、会展及商务区核心地块提供清晰明了的标识指引，提升区域交通步行环境的通达性。主要体现为：

识别性：标识系统应能清晰、准确地表示对象物本身的名称或属性，帮助乘客快速识别并认知特定目标。

引导性：通过线条、箭头、颜色、特定图案等指标方式，将乘客引导至特定目标或方向，确保乘客在复杂的地下空间中能够顺利找到目的地。

实时性：随着线路班次及设施等的变化，及时更新标识系统。

一致性：制定统一的标识规范，确保不同区域、不同功能的标识在风格、色彩、排版等方面保持一致，避免乘客因标识不一致而迷失方向。

友好性：考虑不同用户群体的需求，如老年人、残障人士等，设计更加人性化、易于理解的标识。

二、提升商务区非机动车出行服务

商务区管委会与闵行区新虹街道就优化商务区非机动车停车点位，完善商务区"最后一公里"出行配套设施，按照便捷性、安全性、灵活性、共治性等原则，开展"政府—企业（共享单车企业、地块物业）—市民"三方共治工作。具体措施包括：政府搭建平台，帮助共享单车企业寻找点位；楼宇物业贡献地块，用于设置停放点；共享单车企业运用技术手段，引导市民规范停车；市民不断提升文明停车意识，自觉遵守规范停车要求。主要体现为：

便捷性。非机动车停车点位设置在便于通勤者获取的位置，地块出入口至非机动车停车点位的接驳距离不宜过远。

安全性。非机动车停车点位设置在安全、平稳的地面上，避免设置在坡度过大、易积水或存在安全隐患的区域。同时，确保非机动车停车点位与机动车停车位保持一定的安全距离。

灵活性。灵活利用空间资源布设非机动车停车点位，如桥下空间、绿化带内植草砖空间等。

共治性。推动政府、企业及市民多方共治管理。

共设立57处共享单车规范停车点位（核心区38处），核心区各点位之间距离平均不超过200米。其中13处为3月份以来新设立的点位，尤其在西交通广场周边康得思酒店南侧、P10停车场南侧新增非机动车停车点位，并结合2023年12月份调整P9北侧停车点位，已形成三面出口均有点位的情况，方便百姓用车需求。

同时，推进共享单车数字平台应用，强化现场精细化运营及管理。更新车辆、蓝牙道钉及相关指示标牌，提升共享单车点位辨识度及使用便捷性。加强对外卖及快递非机动车管理，规范楼宇外卖及快递非机动车停放点。

三、开通北环线定制公交

为切实缓解商务区上班族，尤其是商务区北部片区企业员工的"短途出行难"痛点，改善商务区"小交通"，商务区管委会与闵行区交通委共同研究开设商务区闵行片区首条预约定制公交——虹桥国际中央商务区北环线，并于7月29日起试运行。

北环线走向上行（早高峰）：自虹桥西交通中心起经申贵路、扬虹路、申虹路、迁虹路、申长路、申长北路、博恒路至博恒路申长北路止。下行（晚高峰）：自博恒路申长北路起经博恒路、申长北路、申长路、迁虹路、申虹路、甬虹路、申长路、建虹路、申贵路至虹桥西交通中心止。增加虹桥西交通中心（上客点并站闵虹1线）、申虹路舟虹路（下行）、申虹路泰虹路、申虹路淮虹路、申虹路宁虹路、申长路迁虹路（上行）、博恒路申长北路站点。

北环线预约定制公交不仅弥补了商务区北部的"公交留白"，还优化了虹桥西交通平台公交线路布局，公交线首末站为虹桥西交通中心—博恒路申长北路，经过中骏广场、协信中心、正荣中心等多家商务办公综合体，沿途设置申虹路舟虹路、申虹路泰虹路、申虹路淮虹路、申虹路宁虹路4个站点，全程时间为20分钟。

同时，商务区北环线还与"随申行"线上预约业务同步上线，利用起终点站线上预约方式给乘客提供多元化的出行服务模式。这条环线的出现，弥补了商务区北部区域公交线路不足问题，为工作在中骏广场、协信中心、正荣中心等商务区北部区域的上班族们，提供专属出行线路。

四、优化国家会展中心与虹桥枢纽间快速车行联系

国家会展中心与虹桥枢纽间快速车行联系工程位于虹桥枢纽西侧、青浦区域内，于2024年10月建成通车。工程主要建设内容是新增一组限高均为4.3米的上、下匝道。具体是在崧泽高架路新增一处上匝道，连接国家会展中心外环路，设计时速40千米/小时；在建虹高架路新建一处下匝道，连接涞港路，设计时速30千米/小时。

通车后，车辆可以由国家会展中心外环路进入崧泽高架后直接前往虹桥枢

图5-5　国家会展中心与虹桥枢纽间快速车行联系工程

纽。同时，前往国家会展中心12—19号门以及P5、P7停车场的车辆也可以从虹桥枢纽出发，由建虹路高架直接进入涞港路，路程时间缩短近1/3。

国家会展中心与虹桥枢纽间快速车行联系工程，不仅进一步强化了国家会展中心与虹桥枢纽的快速交通联系，提升了虹桥枢纽、国家会展中心与周边地区的高质量融合发展，还为助力展会经济发展提供了重要支撑。

第三节　进博会综合服务保障

办好第七届进博会，是擦亮"开放之门"名片的责任担当。商务区以精细化服务护航万商云集，以智慧化升级赋能高效对接，以国际化标准彰显城市品质，加强区域综合服务保障，加强统筹协调和组织推进，抓紧抓实抓细各项工作任务，以一流城市环境、一流服务保障确保第七届进博会圆满成功。

一、制定工作方案

在认真总结前六届商务区保障进博会行之有效的工作机制和经验做法基础上，根据上海市《第七届中国国际进口博览会城市服务保障总体方案》，商务区拟定了《第七届中国国际进口博览会虹桥国际中央商务区综合服务保障组工作方案》以及相关具体工作附件。

工作方案围绕"推进基础设施项目建设、优化国家会展中心周边环境、完善交通组织保障、提升城市管理精细化水平、筹办虹桥国际经济论坛、优化会展配套服务和承接辐射综合效应"重点目标任务，明确了商务区综合服务保障组工作目标、工作任务、组织架构、计划安排等内容，以"城市环境综合保障、虹桥国际经济论坛和进博会辐射溢出效应"三方面工作目标，明确了委内处室和组员单位工作职责，制定了联络报送、督查督办、值班值守等工作机制；围绕工作目标梳理汇总20条重点任务清单和3个重点保障区域、50条主要道路（通道）、25个主要节点清单；根据《第七届中国国际进口博览会市容环境保障方案》制定了《第七届中国国际进口博览会虹桥国际中央商务区市容环境提升工作方案》，牵头组织22家组员单位，有序有力推进第七届进博会商务区综合服务保障工作，以一流的城市形象、一流的服务保障，全力确保第七届进博会成功举办。

工作方案聚焦推进商务区重点保障区域配套设施建设、优化完善"虹桥枢纽——国家会展中心"区域交通组织保障、推进城市管理精细化、提升商务区城市品质、筹办虹桥分论坛提升论坛品牌效应、推动商务区"6天+365天"平台建设和功能强化、承接进博会辐射溢出效应等方面内容，梳理形成20项具体工作任务。

> 专栏 5-1 ▶▶▶
>
> **《第七届中国国际进口博览会虹桥国际中央商务区综合服务保障组工作方案》梳理的 20 项工作任务**

（1）完成虹桥枢纽西交通广场平台建设项目。

（2）推动机场联络线申昆路停车场及上盖综合开发工程按节点实施。

（3）推进申昆路片区道路工程开工建设。

（4）组织区域内建设工地围墙整治及环境提升。

（5）推进国展崧泽大道及涞港路新建匝道工程建成使用。

（6）优化 71 路中运量西延伸段线路资源共享。

（7）完善进博会 P7、P15、P20、P25 停车场配套保障。

（8）优化进博会场馆周边社会停车场共享。

（9）完善虹桥枢纽——国家会展中心区域交通指引标识。

（10）推进枢纽 B1 大通道快捷巴士接驳服务。

（11）优化西交通平台公交线路，开设核心区北环线公交专线服务；研究国展区域至枢纽停车和专线等交通保障服务。

（12）开展西交平台进博保障专项演练。

（13）组织虹桥交通驿站志愿服务。

（14）推进商务区城管执法联勤联动保障。

（15）编制市容环境提升专项方案，开展市容环境整治提升工作，组织三次（7 月、9 月、10 月）专项巡查。

（16）美化提升会展重点保障区域环境。

（17）营造商务区"迎博""办博"氛围。

（18）举办虹桥国际开放枢纽建设分论坛暨 2024 虹桥 HUB 大会，办好若干场配套活动。

（19）制定完善商务区进博"服务包"。

（20）推动进博会相关的招商对接、功能落地；开展系列配套活动，将进博会客流引入核心区。

二、建立常态化工作机制

商务区管委会聚焦重点项目，加强区域综合服务保障，持续优化国家会展中心周边环境，加强统筹协调和组织推进，持续深入推进服务保障进博会工作制度和机制常态化长效化，确保各项服务保障工作信息畅通、责任明确、协作高效、指挥有力。

（1）建立会议联络制度。自6月起，定期召开保障组全体组员单位会议，主要传达学习各级关于进博会服务保障的工作指示和要求、研究审议专项工作（项目）方案、听取各组员单位工作进展情况并部署阶段工作、研究推进本组相关重要工作等；保障组专题会议由管委会分管领导或相关处室牵头召开，制定措施、督促落实全体会议布置的工作任务，分层分级分类推进工作。

（2）建立信息报送制度。保障组实行信息日报、周报、月报制度（其中6—8月为月报、9—10月为周报、11月1—10日为日报）、项目进度月报制度、突发事件急报制度。主要由闵行区、长宁区、青浦区、嘉定区政府和地产集团等成员单位向本组报送相关信息。

（3）建立督查督办制度。联合市相关委办局，定期开展现场检查和专项巡查，对检查巡查过程中发现的问题，通过工作提示的形式书面告知相关责任单位及上级主管部门，限期整改。

（4）建立值班值守制度。按照进博会城市服务保障领导小组统一要求，落实重要时段24小时值班值守制度。

7月31日，商务区召开第七届进博会综合服务保障组工作推进会。会上，地产虹桥、江桥镇、新虹街道、青浦区和长宁区进博办围绕商务区进博服务保障任务交流工作情况。管委会城运处、商务处、市城管执法局、市绿容环境局和市商务委分别就商务区进博会城市保障工作、商务区进博会引流活动工作、商务区城管执法工作、商务区市容环境保障工作、商务区进博会溢出效应工作进行介绍。同时，会议强调要提高站位，充分认识办好进博会的重大意义，发挥好商务区作为持续办好中国国际进口博览会的主力军作用；要加强区域综合服务保障，加强统筹协调和组织推进，持续推进抓紧抓实抓细各项任务，以"一流城市形象和一流服务保障"工作目标，圆满完成各项保障任务；要聚焦重点，着力提高商务区综合服务保障工作水平，聚焦关键环节，倒排时间节点，细化工作方案，以一流工作助力进博会越办越好。

图5-6　第七届进博会综合服务保障组工作推进会

三、组织开展专项巡查

为提升商务区市容环境及人文环境，商务区管委会按照"好的更好、差的整治"的原则，采用第三方巡查的形式，对商务区开展专项巡查工作，更为客观、公正、全面地对区、街镇城市管理工作进行指导监督。重点对4个区、6个街镇的商务区范围内的道路桥梁、河道水域、城市家具、户外广告和招牌、建（构）筑物外立面、市容环境卫生秩序、公共设施管养、建筑工地（储备用地、闲置空地）围墙（围挡）、绿化养护、景观照明等内容开展巡查，借助科学的、量化的检查指标体系，及时发现和反馈市容管理中的重大问题和薄弱短板，共检出1 583处问题点，形成清单分片区督促落实整治，推进主要问题的整改，进一步提升商务区市容环境保障能级和环境品质。

第四节　保障性租赁住房建设

保障性租赁住房是租购并举住房制度的重要组成部分。为使保障性租赁住房体系更加完善，应运用多主体供给、多方位保障、租购并举的住房制度，有效缓解新市民、青年人等群体住房困难。商务区按照职住平衡原则，加快增加保障性租赁住房供应，积极推进租赁住房新建、配建、改建，引导实现产城人融合、人地房联动。

一、总体情况

2024年，商务区管委会赴闵行、长宁、青浦、嘉定四片区以及地产虹桥摸底调研，并多次组织召开座谈会，听取各方意见建议，督促推进租赁住房建设工作，形成商务区保障性租赁住房规划建设情况汇总表、商务区市场化租赁住房统计数据表。通过调研，发现租赁住宅出租情况冷热不均，部分项目的出租率较低、入住情况不理想。低效商办楼宇改造为租赁住房在资金投入、市场需求、政策操作、企业自身运营管理等方面遇到困难，市场主体改造的意愿不高。为此，商务区积极研究保租房市场供需变化，努力推动总量稳中有进，确保产品品质有保证、提升出租率和运营服务水平。

为优化住房空间资源布局，推进租赁住房、保障性住房实施落地，2024年，商务区管委会以总控计划为抓手，积极推动保障性租赁住房建设。会同市房管局、市住房保障中心、上规院、中规院，核对有关数据信息、协商研究商务区政策性租赁房事宜。一是适度提升规划轨道交通站点周边住房规模，特别是重点地区进一步强化TOD发展，加大站点周边新增住宅和保障性租赁住房用地。二是围绕规划目标，各区政府加快推进保障性租赁住房建设。三是保障性租赁住房规划建设面临行政区统筹、存量商办和工业厂房改建审批周期长等问题，商务区管委会协调市房管局，优化完善保障性租赁住房区域统筹机制，并搭建平台加快推进存量建筑改建等工作。四是加快实施纳入商务区总控计划中的保障性租赁住房项目建设，加快竣工投运。

二、重点项目

（一）虹尚·安雅居国际社区公寓

虹尚·安雅居国际社区公寓于2024年4月开放入住申请，其是由南虹桥集团与上实集团联合打造的品质示范租赁社区。

虹尚·安雅居位于虹桥前湾片区的核心位置，邻近轨交13号线纪翟路站，乘坐74路、189路、189区间，可直达商务区枢纽片区。虹尚·安雅居周边配套了商业、教育、医疗等公共服务设施，东邻超级合生汇、西邻前湾公园，步行可至新虹桥国际医学中心、开市客（Costco）、印象城、丰尚国际生活广场、毗邻虹桥火车站以及多所国际学校。公寓配备多种房型，可满足家庭、个人等多种租住需求。每户都拥有阳台、独立厨房、干湿分离卫浴间，并配置了齐全的家具和国际品牌家电，做到"拎包入住"。安雅居还配置了大面积的混合业态公共活动空间，包括阅读吧、早餐区、桌球房、会议室、健身会所和空中花园等多功能区域，为住客社交及客群活动的开展创造了便利的硬件条件。

图5-7 虹尚·安雅居国际社区公寓

同时，南虹桥集团与高端服务型公寓品牌——第一太平戴维斯共同成立管理公司，输入国际标准的专业化运营管理服务。

（二）虹桥人才公寓

虹桥人才公寓作为上海市中心城区最大的保障性租赁住房项目，由新长宁集团全力打造，坐落于新泾镇，地理位置得天独厚。项目东邻长宁区公共慢行步道与外环西河，北至天山西路，南临周家浜，占地总面积达10.3万平方米，规划总建筑面积38.8万平方米，由东、西、南三个地块组成，拥有约5 420套住宅及1 697个地下停车位。其中，位于项目西、南的两个地块率先上市房源3 598套，已于2024年5月22日正式开放申请，6月1日正式签约。东地块正在加紧建设施工中，计划将于2025年底竣工。截至12月底，虹桥人才公寓签约量达2 037套，约占首期供应房源的74%，入住总人数也增至2 678人，越来越多的青年人才实现"安居梦"。

作为市级人才租房补贴的首个试点项目，虹桥人才公寓户型多样，涵盖一室

图 5-8　虹桥人才公寓

户、两室户、三居室等多种户型，以满足不同青年人才的居住需求。装修风格多样化，建材环保健康，并配备了高品质的家具和电器设备，实现了拎包入住。公共区域还设有青年中心、共享自习室、健身房、休闲活动室、书房等，丰富了住户的业余生活。

此外，在商业方面，项目配备了约3万平方米的商业和社区设施，其中部分商业现已入驻并营业，如便利店、餐饮店、理发店等，未来还将引进越来越多的商业服务。在出行方面，公寓定制直达地铁2号线、10号线的免费班车，并计划在西区开设新的人行通道，打通租客出行"最后一公里"。在文化生活方面，公寓运营方不仅会定期组织开展社群活动，如花艺、镌刻、棋牌等，长宁夜校也入驻其中，开设了运动、舞蹈和生活技能课程，为租客提供多样化的业余文化生活。

（三）CHIC栖寓社区

CHIC栖寓社区（保障性租赁住房）由上海实业发展股份有限公司、上海西虹桥商务开发有限公司、上海青浦发展（集团）有限公司联合开发，于9月26日启动运营。

CHIC栖寘社区是青浦西虹桥地区首个"保租房"项目，位于青浦区住桥头路219弄。社区近享上海虹桥火车站，离上海虹桥机场直线距离约3.8千米，公交797路直达9号线九亭地铁站、2号线徐泾东地铁站，周边邻近沪渝高速、沈海高速、嘉闵高架、沪青平公路等立体路网。整个社区共有7栋楼、816套租赁住房，户型多样，从38平一居室到90平三居室，满足不同居住需求。每套住宅都配备了床、沙发、空调、冰箱、洗衣机等家具、家电，温馨友好的居住环境给住户提供了品质生活。

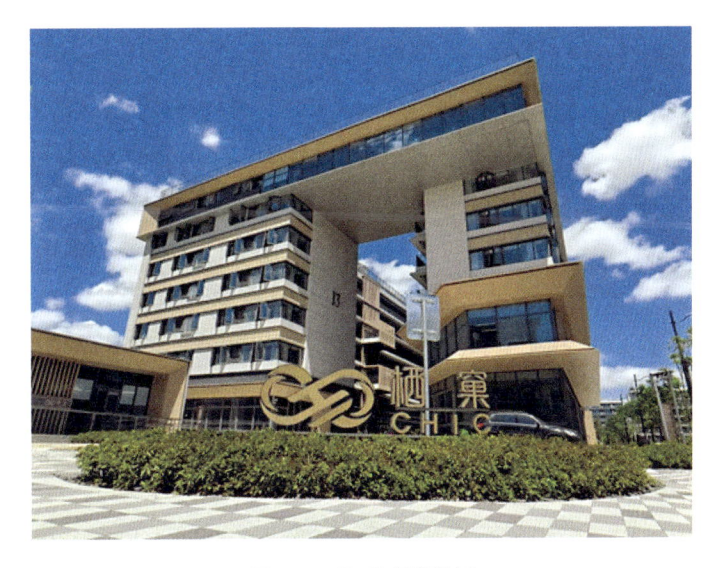

图5-9 CHIC栖寘社区

CHIC栖寘社区约有2 000平方米社区及服务配套，包含活力健身房、桌球、瑜伽房、滨河步道等，丰富的休闲娱乐选择满足了住户多方位的生活需求。

第五节　绿色生态城区

商务区核心区自2018年被评为全国首个三星级国家绿色生态运营城区以来，始终按照绿色低碳发展大政方针和工作要求，开展持续不断的运行评估和复制推广工作。

一、开展核心区碳排放评估工作

"十四五"期间，商务区将进一步打造成为上海提升城市能级和核心竞争力的重要增长极、引领长三角一体化的重要动力源、落实国家战略的重要承载区。提升区位、平台、产业能级的同时，持续以做强"最低碳"特色为运营内核理念，不断叠加创新多项低碳措施赋能，倡导绿色、低碳、循环、可持续的生产生活方式，推动区域经济强劲、活跃、健康、发展。

商务区低碳能效运行管理信息平台通过构建一套覆盖全区域的集数据采集、传输、汇总、储存、综合利用和形象展示于一体的低碳能效运行管理信息系统，采用信息化、数字化手段对区域能效进行全面采集和实时监测，使区域能源信息可报告、可监测、可核查、可评估，为区域低碳、绿色建设成果示范提供窗口，为实现能源使用与碳排放的数字化管理提供支撑，为全面落实低碳发展实践区奠定基础；同时建立一个对外展示低碳成果的窗口，提高企业和公众低碳的节能环保意识，引导低碳实践。

基于商务区低碳能效运行管理信息平台，商务区管委会按照绿色生态城区后评估相关要求，按年度编制《虹桥国际中央商务区核心区公共建筑运营碳排放评估报告》，以描绘区域碳排放数据情况，同时为区域低碳能效提升提出相关建议。

根据《2023年上海虹桥国际中央商务区核心区公共建筑运营碳排放评估报告》，商务区核心区内大型公共建筑运行碳排放量2023年为15.34万吨二氧化碳，部分充电桩用电份额抵消后，总排放为14.88万吨二氧化碳。与2021年碳排放量（15.7万吨二氧化碳）基本持平，侧面反映了商务区核心区范围内的商业办公活跃度基本恢复至2021年水平，区域活力尚在向上攀升。

二、开展绿色生态城区复制推广工作

2020年以来，商务区管委会始终坚持把核心区低碳建设经验予以推广，有序指导闵行、长宁、青浦、嘉定四片区响应上海市相关工作要求，创建上海市绿色生态城区。推动长宁东虹桥机场东片区、闵行南虹桥前湾地区、嘉定北虹桥封浜新镇均获上海市三星级绿色生态城区（试点）的批复，并推进虹桥机场东片区开展上海市绿色生态城区后评估工作，实现城区范围真正绿色低碳化运行。

绿色生态城区建设注重在区域发展过程中的经济发展模式、能源供应、生产和消费模式、技术发展、贸易活动、居民和政府部门的理念和行为全面低碳化，由此带来显著的经济和社会效益，表现在：

宏观上，商务区通过政策引导、经济诱因等建设现代高端服务业聚集区，核心区生产总值超过200亿元，第三产业增加值在总增加值中所占比率达95%，成为一个高附加值、高产值的区域。同时，《上海虹桥国际中央商务区国土空间中近期规划》中将"低碳新能源"纳入四高五新产业布局之中。

中观上，商务区规划、建设和运营所需要的大量低碳技术、设备极大促进了长三角地区低碳产业链的发展。商务区建设中主要涉及的低碳能源、低碳建材、绿色照明、智能监测、节能服务等行业借力商务区低碳研发成果和实践经验，提升了产业服务能力和研发水平，并加速新产品商业化和市场扩大化，同时为低碳产业发展培育了大批具有竞争力的管理型和技术型人才。

微观上，区域集中供能提高了单体楼宇建筑的使用面积，低碳商务区的建设和运营主张节约能源资源和就地取材，使商务区的开发建设、运营维护成本大大降低，开发商和业主均从中获益。

案例2

虹桥机场完成首笔碳排放权交易

2024年12月，虹桥机场在上海市环境能源交易所完成首笔碳排放权交易，出售碳排放结余配额6 000吨，获得碳收益44.56万元。该交易在全国民航机场业内首次打通"电—碳—金融"三个市场,实现绿电采购、节能减碳和金融收益的良性循环,更好助力上海机场绿色低碳转型发展。

碳排放权交易是利用市场机制控制和减少温室气体排放的重大制度创新,是实现碳达峰碳中和目标的重要举措。本次碳交易由虹桥机场与申能集团旗下东方证券合作开展。虹桥机场自2013年被列入上海市碳排放试点单位以来,至今已累计结余碳排放配额3.26万吨,本次出售碳排结余配额获得的收益将用于绿色能源使用和低碳技术应用等双碳建设实践,通过市场机制进一步优化碳排放资源配置,构建绿色可持续发展模式。

近年来,虹桥机场根据民航局绿色机场建设要求和《上海机场绿色机场建设规划》,大力推进绿色机场建设,制定了虹桥机场的低碳发展规划和2025年、2030年、2060年阶段性碳排放目标,明确在光伏建设、绿电采购、减碳技术运用、生态环境保护等领域全面推进减碳实践。2024年,虹桥机场成为国内首家通过"EATNS碳管理体系评定证书"的机场,并在获得中国民用机场协会双碳机场"三星认证"基础上积极创评"四星机场",打造国内民航首个零碳办公实践区。

商务区的绿色低碳建设亦带来一系列的社会效益。首先,促进了产业转型,商务区聚集了来自国内外的低碳产业入驻,不仅带动了上海西部地区的经济转型发展,而且可为该地区创造众多的就业机会。其次,改变了居民生活、工作习惯,通过低碳城区的建设和低碳理念的宣传,在商务区内形成了节能低碳的社会氛围,起到了引导商务区用户形成低碳的生活、工作方式和消费习惯的作用。再次,增进区域认同感,区域低碳、高效运营极大提升了区域竞争力,营造了良好的营商环境,从而使绿色低碳理念更深入人心,增加了商务区企业、人员的认同感和幸福感。

三、绿色生态城区重点项目

(一)虹桥前湾片区

虹桥前湾片区位于商务区重点建设范围内,距离虹桥综合交通枢纽7千米,总面积30平方千米,重点开发区域约10平方千米。申报绿色生态城区范围为以中央活动区为主的核心区域，北至纪高路、南至朱建路、东至纪翟路、西至徐亭路，总面积约2平方千米。

前湾公园作为中央活动区骨架，对外连接吴淞江环城生态公园带，对内链接前湾10平方千米内水绿网络，打造长三角生态绿色会客厅，世界级城市滨水中央公园，构建"一湾、两湖、三区、十八景"的景观格局。C形水湾构成公园景观的主要脉络，围绕"彩虹湖"和"霁月湖"形成公园两大活力核心，森趣前湾、文化前湾、运动前湾三大分区内，十八处重要景观节点引人入胜。公园与周边城市功能无界融合，构筑前湾片区"五分水绿五分城"的生态格局。

2024年6月12日，虹桥前湾片区荣获市住建委颁发的三星级绿色生态城区（试点）称号。主要亮点特色为：

（1）立体复合的垂直绿色生态城市。TOD模式密度开发，在轨道交通站点周边300米范围内布局高密度街区。地下空间一体化开发，围绕高密度开发区建设地下空间，连接多组高层建筑群，构建互联互通的立体空间。设置一体化地下公共通道，结合景观设置下沉广场，丰富地下公共空间形式。

图5-10 虹桥前湾片区效果图

（2）高星低能耗绿色建筑。主要是区域内二星级绿色建筑比例达100%；三星级绿色建筑比例达40%；打造超低能耗品质住宅，比例达10%。

（3）织补蓝绿的生态环境。做好滨水中央公园景观规划，本地木本植物指数达0.9，节约型绿地建设比例达100%，制定蓝绿资源保护开发规则。基于上位规划提出的海绵城市建设目标，针对不同系统，分别提出海绵城市分项目标和技术指引。

（4）清洁高效的低碳能源。能源高效利用，做到一次能源效率不低于150%；高效灯具和光源的比例达100%；高效节能型设备的比例达90%。合理布局可再生能源，在整个规划区内建设总体可再生能源替代率达10%；可再生能源利用率达5%。

（5）综合节约的资源利用。用水分级、分项计量，在区域内开展用水分项计量工作，采用"一户一表"方式；绿化浇灌、道路冲洗等公共用水，按用途分别设置水表计量。降低供水管网漏损，饮用水从源头到水龙头由供水企业进行"一体化"管理制度；公共供水网漏损率控制在6%以内。建筑垃圾分类收集，建筑垃圾资源化利用率50%以上，废弃混凝土再生建材替代使用率10%以上，通沟污泥资源化利用率达70%。

（二）MAX科技园

位于商务区嘉定片区虹桥新慧总部湾内的MAX科技园获得国际LEED金级认证。LEED全称为"能源与环境设计先锋奖"，被称作绿色建筑界的"奥斯卡"。这一荣誉的

图5-11　MAX科技园（上海·虹桥）

获得，为商务区打造绿色引领的城市科创集群再添亮点，将持续吸引更多前景广阔的优质企业来北虹桥落地生根、开花结果。

MAX科技园于2023年11月开园，总投资额约3亿元，建筑面积3.36万平方米，绿化率超35%。依托层层露台的垂直景观，园区营造独具一格的"空中森境"，让建筑可以自在呼吸。园区整体使用环境友好的建筑材料，结合碳捕捉、能耗互联网、智慧建材等新技术，减轻城市热岛效应。外部控制窗墙比，采取节能隔热玻璃，保障空气流通和采光通透。内部安装智慧集成系统，让智能照明、能源管理、智慧物业等应用场景落地使用，最大限度减少能耗。

在项目施工阶段，为积极响应海绵城市的绿色理念，园区积极优化绿地设计，地面采用透水铺装，易于雨水下渗，确保年径流总量控制率超70%，在获得LEED金级认证的同时，获得绿色建筑二星认证。

第六章　国际一流营商环境

商务区是引领长三角发展的开放升级新高地，也是国内国际双循环的关键链接点，已成为链接"一带一路"的高效桥头堡。近年来，商务区为更好地贯彻落实国家战略，依据战略定位和区位优势，正在打造与区域功能相匹配、产业发展相适应的市场化、法治化、国际化营商环境，努力成为国际一流营商环境的践行者。

第一节　商务区营商环境体系

营商环境是一项涉及经济社会改革和对外开放领域的系统性工程，是会对企业日常经营产生"即时"和"深远"影响的微观和宏观环境。当前营商环境正在面向高质量发展走深走实，营商环境建设工作也从标准化水平型的提升模式进入精准化垂直型的营商环境提升模式。由于不同产业发展路径不同，其所需的营商环境也存在差异，有必要围绕重点产业价值链精准打造垂直营商环境服务链，商务区通过加强营商环境顶层设计，大力推进一批高含金量的政策措施、一批高水平的功能平台，帮助企业稳预期、强信心。

一、出台行动措施和实施方案

商务区对标上海市营商环境建设任务要求，形成《虹桥国际中央商务区协同创新打造一流营商环境2024年度行动方案》。该行动方案包括政策制度引领行动、贸易特色打造行动、企业服务提升行动、人才高地建设行动、产业发展赋能行动、区域联动协同行动6项。政策制度引领行动提出积极推动国家相关政策落地见效、加快推进商务区政策出台实施、改革创新政策措施先行先试3项任务；贸易特色打造行动提出建设进口贸易促进创新示范区、建设"丝路电商"辐射引领区、打造西片国际级消费集聚区、加强贸易金融创新服务措施实施4项任务；企业服务提升行动提出优化政务服务体验、集聚专业服务功能、构建企业服务生态、服务企业国际化发展4项任务；人才高地建设行动提出落实人才高地建设方案、加快人才服务体系建设、加大引才聚才力度、提升人才服务品质4项任务；产业发展赋能行动提出加速高能级主体集聚、加快形成创新引领核心动能、扶持生产性互联网服务平台、建设国际会展之都重要承载区、开展产业规划深化研究、推动金融赋能产业发展5项任务；区域联动协同行动提出加强闵行区、长宁区、青浦区、嘉定区协同创新，深化区域联动合作，推进政企社学协同3项任务。

同时，对标先进地区经验，按照相关性、创新性、可复制性等原则，商务区全面对标营商环境建设先进地区优秀经验和典型做法，从政策制定、功能平台、企业服务、人才高地、要素集聚、专业服务等模块问题进行对标分析。一方面，定期监测商务区营商环境。主要执行方式包括部门资料报送、部门走访、企业问卷调查、企业深度访谈等。另一方面，综合评估商务区营商环境。主要执行方式包括政府部门调研、企业调研、企业大数据分析以及对标案例分析等，对商务区营商环境进行综合评估分析。此外，对标国家战略、国际国内先进地区建设经验，结合商务区功能定位、现存问题，总结可借鉴可复制的案例做法，提出下一步优化建议。

二、强化为企服务

商务区深入贯彻落实市委、市政府深化"一网通办"改革工作要求，大力提升政务服务能力建设。在全市首家推出"政务管家"服务站、首家链接第三方资源，持续提升企业办事体验感、获得感和满意度。

（一）体验优先，聚焦专业化，助力长三角一网通办

在企业服务中心设置10个无差别综合服务窗口，实现企业异地注册等50个高频事项长三角通办，商事登记、人力资源等400多项政务服务无差别咨询受理。相继引入外商投资企业投诉窗口、RCEP企业服务咨询窗口，不断响应虹桥国际开放枢纽建设和长三角一体化发展的需求。

依托虹桥国际开放枢纽核心承载区叠加优势，研发超级自助终端覆盖长三角三省八个地市所辖40个县市的全量自助服务，着力建设面向商务区、辐射长三角的一站式政务服务"加油站"。

（二）深化创新，聚焦专项化，打造一站式特色专区

搭建联通国际国内"彩虹桥"，全市首家链接第三方资源，在政务大厅开辟专项服务专区，提供政策咨询、金融进博、法律公证及人才等多元的特色服务，有效呼应企业的个性化需求。

针对外籍人士来华办理居留许可、工作许可、签证续期等相关事项，设置外籍人士服务专区。开设外资企业、国际学校签证办理专区，化解重点外企、高层次外籍人才预约办证难题，推动营商环境再提升。

（三）实策惠企，聚焦个性化，推出"虹管家"帮办模式

打造全市首家"政务管家"服务站，组建"虹管家"帮办团队，落实与辖区内园区结对工作，通过建立工作微信群、定期上门走访、梳理操作流程、回答疑难问题，采用"综合服务一对一指导、专项政策面对面咨询、项目帮办点对点服务"的管家式服务，为企业提供全生命周期的贴身服务。

创新推出政务服务"云窗口"，可以视频连线区政务服务中心、区人才服务中心、街镇社区事务受理中心等，优化企业群众异地办事环境，提供"云端见、在线帮"的"零距离"服务，商事登记、股权转让等546个涉企事项可以通过"云窗口"实现零跑动办理。通过"现场虹管家帮办+远程云窗口审批"服务模式，实现全程"面对面"专属服务。

（四）服务升级，聚焦功能化，全力提升企业服务能级

2024年1月，商务区企业服务中心全新升级，搬迁至闵行区甬虹路69号虹桥绿谷广场G栋一楼。特设长三角"一网通办"专窗，实现171项事项"收受分离、异地可办"，并提供全程网办跨域事项自助办理服务，实现跨区域政务服务"网上有通道、线下有专窗"一体化办理模式落地。可为各类企业提供企业开办、变更、注销、人才服务、外国人来华工作及居留许可、商标、APEC商务旅行卡等政务服务。人才引进、居住证积分、留学生落户、就业服务等事项，仍在申昆路2377号服务大厅受理。

第二节　人才高地建设

商务区按照虹桥国际开放枢纽建设要求，营造"一核四区、特色鲜明"的发展格局和集聚态势，推动各片区人才工作高起点谋划、高质量发展。围绕国际经营、科技创新、产业体系优化人才结构，形成发展规划、专项工程、平台载体、支持政策等框架体系，推动打造更加科学合理、开放包容、运行高效的人才发展治理体系，构建产学研用相互结合的人才创新体系，营造功能健全、高效便捷的一体化人才服务体系。

一、重点任务

第一，彰显区域特色，集聚高端国际经营人才。围绕建设国际贸易中心新平台、服务企业"走出去"等定位要求，加快集聚国内外高能级企业机构和人才，大力挖掘和引进通晓国际市场、经贸规则并助力企业跨越式发展的国际经营人才。

第二，聚焦重点产业，引育和集聚一流人才。聚焦重点产业推动产业链、人才链、资金链、创新链深度融合，围绕新质生产力及新经济新赛道谋划人才储备，发挥重点、龙头企业引才主体作用，加快集聚市场化创新主体和高层次人才，加快集聚和培育与重点产业相匹配的人才。

第三，强化国际定位，大力引进海外高层次人才。立足强化国际定位、彰显开放优势、提升枢纽功能的要求，实施更加积极、更加开放、更加有效的政策，进一步加大海外人才引进力度，建设服务长三角、辐射全国的海外引才桥头堡。吸引集聚高能级国际组织，建设国际经济组织集聚区，建设留学人员回国首站、海外人才创新创业首站，支持"跨境电商人才发展计划"、海外人才中国实训基地建设。

第四，提升服务能力，构筑高能级人才服务平台。引进集聚更多高端要素和优质资源，提高人才平台载体的核心功能和辐射效应，为人才提供"叠加式"综合服务，建立人才"引得进、留得住、用得好"的服务体系。建设虹桥国际人才服务平台体系，推进高能级专业服务平台建设，积极引进高水平人才培养机构，构建科技创新人才服务生态。

第五，突出分类施策，构建更加完善的人才发展体系。全面承接国家和市级的政策赋能，创新应用场景，推动落实《关于推动虹桥国际开放枢纽进一步提升能级的若干政策措施》中涉及人才的相关内容。结合商务区专项发展资金政策，构建人才引育留用政策体系，加快形成商务区引才聚才效应。探索跨区域人才政策创新突破，提升商务区外籍人才服务水平，构建商务区人才发展政策体系。

第六，优化发展环境，营造高品质人才生态。聚焦国际国内各层次人才需求，建设高品质宜居宜业的国际社区，构建丰富的国际化公共服务体系，打造功能复合的国际化活力城区，营造尊重人才、安居乐业的国际化一流环境。

第七，区域联动发展，助力长三角人才协同共享。落实长三角一体化发展、虹桥国际开放枢纽建设等国家战略，发挥交通、区位等方面独特优势，加强与长三角的城市人才工作的合作交流，探索人才资源联动协同、共建共享的路径。进一步加强虹桥国际开放枢纽人才合作与交流，推进长三角人才的便利服务举措共建共享。

二、人才政策体系

第一，用好市级相关政策。全面优化商务区特殊人才落户方案，开展"全球杰出人才优享服务"重点单位推荐并指导开展自主认定和后续服务，认真做好"东方英才"拔尖和青年项目的宣传、遴选、评审、推荐等工作。积极申报市级各项人才计划，进一步挖掘商务区人才潜力。

第二，落实移民政策实践基地相关政策。推进商务区外籍高层次人才永久居留推荐工作，对接商务区重点企业，做好长期多次往返签证等出入境政策推广应用。

第三，制定商务区支持人才创新发展的若干政策意见，用好市政府设立的商务区专项发展资金，出台支持人才发展的各项扶持政策，聚焦国内外人才引进、人才创新创业、人才国际化服务、高品质人才生态、鼓励专业化引才、宜居宜业环境6个方面。制定了22条涵盖资金专项支持和便利化服务措施的具体政策举措，通过专项资金政策引导撬动、发动社会力量参与引才、激发龙头企业育才动力，进一步加大商务区人才高地建设支撑力度，助力商务区发挥近悦远来的人才集聚"强磁场"效应。

三、人才服务平台

结合商务区人才特点，围绕商务区发展需求，全新打造商务区人才服务主平台——虹桥国际人才服务中心。中心践行国家战略，承接国家移民政策实践基地，努力成为服务辐射长三角的国际化、枢纽型人才服务中心。中心最大特色是以外籍人士、海外人才为主要群体，力求实现国际人才在政务、生活、创业等方面一站式服务。中心已集成外籍人士政务服务及市场化、专业化服务资源，全流程为国际人才提供综合服务，打造温馨便捷的服务环境。

第一，政务服务全链条。除了便捷的涉企政务服务外，还提供人才政策咨询等服务。特别是外籍高层次人才VIP服务。在市公安局支持下，设立了海外人才直联平台（虹桥），为全市外籍人才提供专窗一揽子服务，并辐射整个商务区、上海西部甚至是虹桥国际开放枢纽两带。主要服务职能：签证证件、居留许可及永久居留办理，口岸签证签发，港澳台人员出入境证件办理，港澳台居民来沪定居审批等服务功能。此外，还提供驾照办理、养犬证办理、车检预约等服务。同时，新增边检服务事项，如为国际人才提供出入境政策咨询、快捷通道信息备案、入境卡自助申报、查验通道保障等服务。

第二，专业服务一站式。通过专业服务机构，为商务人士提供人力资源、金融、法律、咨询，乃至薪税、健康管理等服务，并为外籍人士个人及家庭提供涵盖医疗、教育、家政、保险、对外汉语教育及翻译、在沪综合服务指导等全方位服务，帮助外籍人士快速融入本地生活。

第三，创业服务全流程。从创业者的角度出发，在政务服务尽可能解决创业者办事需求的基础上，提供市场调研、场地咨询，共享办公、装修对接、财税咨询、员工招聘、投融资平台对接等市场化资源链接，及时帮助创新创业人才获得全链条创业服务资源。

四、人才服务体系

第一，中国上海人力资源产业园虹桥园。该园是由国家人社部批复的人力资源专业服务平台，被认定为上海市服务业创新发展示范区和全市首家"海聚英才"人才会客厅。9月，虹桥园还与杭州、苏州、合肥等地的国家级人力资源产业园签订战略合作协议，共同优化人力资源跨境服务、全球化服务等解决方案。截至2024年12月底，累计落地265家人力资源类企业，累计服务超1万家用人单位，为100多万人次提供了一站式全产业链人力资源服务。

第二，虹桥海外人才一站式服务中心。位于长宁片区的虹桥海外人才一站式服务中心实行一窗综合受理，创新推出了海外人才"七个一件事"联办事项，包括通关便利、安居保障、社会保障、公证认证、创新创业、人才落户及生活融入等。同时，设立了全球杰出人才优享服务专区、海外人才议事厅、长三角海外人才服务机构共享空间、高层次人才及重点企业服务专区等特色功能区，提供更多元、更周到的人才服务。

第三，长三角留学人员创业园。位于西虹桥片区的长三角留学人员创业园构建以共享为核心的创新创业孵化体系，为留创园和孵化基地内的各类留创项目提供共享办公、创业扶持等各类综合服务。已累计入驻留创孵化项目近80个，留创企业近100家。同时，承接落地教育部与上海市共建的"春晖杯留学人员创新创业基地（上海）"，形成完整的留创孵化链条，充分发挥留学人员创新创业基地示范作用，为留学人才培育宜居宜业的发展沃土。

第四，"若渴草堂"人才驿站。位于北虹桥片区"若渴草堂"人才驿站秉持着"人才因城市而出彩、城市因人才更精彩"的理念，不断优化人才工作。一是深度融合人才聚集与产业发展，以产业聚集人才，以人才引领产业。二是搭建人才工作领导小组与企业的沟通渠道，通过定期企业走访，实地倾听人才诉求，了解人才发展瓶颈。三是构建"政策＋平台＋服务"三位一体工作格局，以"服务专员点对点、政策推送面对面、活动交流心贴心"精准服务人才。

五、人才品牌活动

2024年，商务区积极举办"2024长三角人才发展论坛暨虹桥人才创新发展大会""全球名校行引才活动（武汉场）"等各级各类人才品牌活动，助力高水平人才高地建设。

图6-1 2024长三角人才发展论坛暨虹桥人才创新发展大会

9月20日，以"人才引领 联动共融——国际化创新与长三角协同"为主题的"2024长三角人才发展论坛暨虹桥人才创新发展大会"在上海国际会议中心举行。作为"海聚英才"全球创新创业峰会主论坛，本次大会围绕长三角一体化发展和高水平人才高地建设要求，旨在促进长三角地区及全球范围人才链、技术链、产业链、金融链深度融合，加快推进商务区人才高地建设，着力推动长三角区域人才高质量、一体化、国际化发展，打造长三角海外高端人才集聚发展新高地，架设人才赋能特色产业集群的彩虹桥。

市委常委、组织部部长、市委人才办主任张为出席大会致辞，并为虹桥国际人才服务中心揭牌。该中心探索便利服务措施，建设辐射长三角的人才服务枢纽；通过引入高端专业服务机构，打造创业扶持、生活配套等多维度、全方位的服务体系，不断强化国际化人才集聚和长三角人才交流。虹桥国际人才服务中心的启用是商务区践行国家和上海市高水平人才高地建设使命的重要举措，是对"聚天下英才而用之"这一理念的生动实践。大虹桥，邀天下英才、创美好未来。

活动现场，教育部留学服务中心党委书记、主任王大泉，上海市委组织部副部长、市人才工作局局长潘晓岗代表双方签订战略合作协议，并为"春晖杯"留学人员创新创业基地（上海）揭牌。基地将落户上海青浦（长三角）留创园，为留学归国人才培育宜居宜业的发展沃土。

大会还正式启用上海市公安局海外人才直联平台（虹桥），并设置主旨演讲、主题发言、圆桌对话等环节，邀请众多专家学者、知名企业代表等共同参与，嘉宾们在发言中围绕国家人才高地战略、国际化人才交流、高水平人才培养、支持人才创新创业及长三角科创协同与人才交流等话题，展开思维碰撞，进行深度对话。

多项政策服务、功能平台等以"组合拳"形式在大会上重磅发布。政策服务方面，商务区发布了

图6-2 虹桥国际人才服务中心正式揭牌

关于支持人才创新发展的若干政策措施，聚焦国内外人才引进、人才创新创业、人才国际化服务、高品质人才生态、鼓励专业化引才、人才宜居宜业环境6个方面共22条政策举措，进一步面向全球汇聚各类创新人才，夯实人才引进、培育、保障等政策服务体系，大力吸引专业性、国际化、创新型人才，助力商务区发挥近悦远来的人才集聚"强磁场"效应。

此外，商务区还积极开展全球名校行引才活动，前往武汉、北京、广州、深圳四地，采用了"宣讲会+招聘会"的模式，在武汉大学、湖北大学、清华大学、华南理工大学、香港中文大学（深圳）举办了引才活动。商务区四片区70余家企业提供了900余个招聘岗位，合计2 100余名学生现场参与，累计收到简历1 150余份。

六、长三角人才服务一体化

2024年，商务区积极探索长三角人才服务一体化，倡议共建长三角区域人才服务共同体，成立"长三角人才服务联盟"，开放枢纽人力资源与人才战略合作，开展长三角留创园合作签约，建立虹桥国际人才服务中心（嘉兴）。

倡议共建长三角区域人才服务共同体。提出共建人才协同服务机制、共办人才发展品牌活动、共推人才平台机构合作、共建统一开放人才市场、共同面向海外招才引智、共同支持人才创新创业、共推产教资源融合发展、共同服务人才有序流动共8项倡议，旨在协调推进区域内人才互认和跨区服务共享，实现人才与政策、人才与服务的便利精准对接，充分体现长三角共同服务人才的温度。南京、苏州、杭州、嘉兴、合肥、芜湖等长三角城市共同发布此倡议。

成立"长三角人才服务联盟"。长三角三省一市人才集团共同发起成立"长三角人才服务联盟"，联盟由上海东方菁汇(集团)有限公司、浙江省人才（集团）有限公司、江苏苏豪新智集团有限公司、安徽省人力资源有限公司联合发起，苏州、南通、杭州、嘉兴、合肥、马鞍山等长三角城市人才集团为首批联盟成员单位。联盟各相关单位将在人才服务战略、网络、渠道、服务和科技资源等方面实现信息互通、服务互连、资源互助。

推动开放枢纽人力资源与人才战略合作。探索虹桥国际开放枢纽人力资源与人才战略合作。与嘉兴市、苏州市共同推动加强人力资源平台的合作共建，并拓展到杭州、合肥。一是加强人力资源平台的合作共建，推动人力资源机构的集聚和服务辐射；二是做好人才市场化配置各项服务，实现资源共享、优势互补、合作共赢；三是探索便利人才的各项服务措施,提升人才在四地流动的便利性,增加人才的归属感与幸福感;四是建立联动协同的有效工作机制,建立多层次的沟通联系、联动招聘机制、人才领域合作研究等机制。

助力长三角留创园合作签约。紧密联系长三角G60科创走廊,为进一步强化长三角地区留学人员创业园跨区域合作对接,发挥各方在留学人员创业服务领域优势,为留学人员创业企业提供优质、全面的服务和支持,促进各方在人才、技术、产业等方面的交流与合作。签约对象包括长三角G60科创走廊9地的留创园(上海松江留学人员创业园、嘉兴国家高新区留学人员创业园、中国杭州高新区留学人员创业园、金华留学人员创业园、中国苏州创业园、中国湖州留学人员创业园、宣城智谷留学人员创业园、中国芜湖留学人员创业园、合肥留学人员创业园)以及位于商务区的上海青浦(长三角)留学人员创业园。

设立虹桥国际人才服务中心(嘉兴)。该中心的设立是积极响应长三角一体化发展国家战略,奋力打造虹桥国际开放枢纽"金南翼"的一项标志性人才服务举措。该中心定位是虹桥国际人才服务中心在虹桥国际开放枢纽南向拓展带的重要分站点,突出国际化、多元化、精准化服务,着力打破人才地域限制,覆盖海内外高层次人才创新创业全生命周期高频需求事项,成为促进长三角区域人才一体化发展的重要服务枢纽。

第三节　虹桥国际中央法务区建设

虹桥国际中央法务区作为商务区的服务功能平台，致力于全方位构建专业要素高度集聚的法律服务生态圈，为商务区企业与产业发展，为落实长三角一体化、虹桥国际开放枢纽国家战略提供法治保障。

一、法律"浓度"逐步增加

在市司法局、商务区管委会、闵行区人民政府的通力协作下，法务区运行管理架构基本形成，法务区核心载体——法务大厦及综合服务中心正式启用，法律服务机构集聚度进一步增加。截至2024年12月底，法务区3.7平方千米内已落地151家法律和泛法律服务机构，其中律所61家、法律科技等泛法律服务机构80家、调解及法律援助机构6家、行业协会（市律协、市司法鉴定协会）2家、仲裁机构（上仲）1家、公证机构（新虹桥）1家。较2021年正式挂牌时新增128家，增长超5倍。法务大厦已入驻签约机构15家，包含全国优秀律所、仲裁机构、合作制公证处、商事调解机构、法律科技公司等，成为法务区内能级最高、品类最全的标志性楼宇。法律服务要素集聚度、业态显示度初步显现。

图6-3　11月6日，"虹桥国际中央法务区知识产权专家团"成立

二、战略定位更加明确

围绕服务保障国际化中央商务区、服务长三角一体化和建设虹桥国际开放枢纽建设的国家战略。组建"第七届进博会闵行区法律服务志愿团",积极推进"专业服务+投资促进"工作机制,突破驻点服务模式,促进律师为参展商提供"上门服务",同时,在法务大厦举办4场相关配套活动,其中3场纳入全市进博会配套活动,广受企业欢迎,在区域招商引资、法治护企出海方面发挥了积极作用。举办长三角商事法律服务论坛暨虹桥国际中央法务区协作共建活动,推动虹桥国际开放枢纽南北向拓展带的苏浙沪13个县区市司法局代表,签署加强区域协同共同建设中央法务区的协议,增强中央法务区作为法律服务策源地的影响力,助力长三角法律服务的深度融合,构建全链条、全方位、特色鲜明的法律服务生态圈。推动知识产权保护联盟长三角工作站落地法务区。此外,还举办了"长三角一体化协作机制背景下商事法律服务论坛"、长三角律师协会"会长会客厅"活动、"长三角一体化发展与国际商事仲裁中心研讨会"等多领域专业法律活动,为长三角一体化建设提供法治保障。

三、保障功能不断拓展

打响"法务惠企"公益法律沙龙品牌,高频度开展涉企法律论坛及讲座等专业活动百余场。做强惠企服务,举办涉企法律服务展示发布活动,发布"法律服务券",成立"法总联盟",启动"律企青虹"活动。商务区企业"家门口"法律服务平台初步搭建,法律服务机构和企业同向发力、同频共振、双赢格局初步形成。同时,注重涉外法律服务的功能完善,大力吸引高能级涉外法律服务机构,为"走出去"企业提供跨境投资并购、国际贸易、跨境知识产权、跨境合规、国际工程、跨境融资、非诉争议解决(法律咨询、文书起草、境外判决认可与执行)、商事仲裁等服务。持续推进法律服务科创载体建设,制定并发布《虹桥国际中央法务区关于支持法律科技行业发展的政策指引(试行)》,举办2024世界人工智能大会法律科技应用场景发布及产业对接会,举办法律科技产业论坛及座谈会,联合闵金投开展法律科技专题路演,营造区域内法律科技产业集聚氛围。打造"党建+法治"新"枫"合伙人项目,搭建法务区法律服务机构与商务区企业沟通的桥梁,服务企业近300家,解答包括知识产权布局、工程建设与房地产行业的法律风险防控等在内的问题近70个,形成新能源产业知识产权白皮书。

四、社会影响逐渐扩大

作为唯一一个法务区类型的区域，法务区获评"上海市服务业创新发展示范区"，并被确定为市人大常委会基层立法联系点。法务区的成功运作在全国引起了一定反响，已成为外省市政府部门、行业组织、法律与泛法律服务机构学习考察法律聚集服务工作的优选对象，2024年共接待各类参观、考察、调研等140余批次。进一步做大"朋友圈"，建立政产学研一体化协作机制，与上海交大、华东政法等11所高校开展合作共建。鼓励法务区法律服务机构赋能基层法治建设和社会治理，服务社区200人次，形成社区典型问题处理手册，支持法务区律所参与"三所联动"调解工作室调处化解社区矛盾纠纷。开展法务区法治文化广场设计大赛，吸引社会民众踊跃参与打造法务区法宣阵地，营造法治文化氛围。

五、综合服务更加周到

打造法务区综合服务中心，启用法务区公众号公共服务平台功能，健全线上线下相融合的服务供给。为法务区法律服务机构提供"一站式"政务服务，为意向入驻机构提供全方位政策支持渠道。打造国内法律服务集聚区共享办公的样板间，面向长三角乃至全国，为法律服务机构及其客户在法务区开展案件办理、业务对接、沟通会谈提供充足便利。组建服务保障专业人才队伍，加强与商务区知识产权海外维权援助基地、虹桥海外发展服务中心、虹桥国际人才服务中心等平台联动服务。

图6-4　虹桥国际中央法务区

第四节　城市精细化管理

商务区紧紧围绕虹桥国际开放枢纽建设战略，以打造国际品质风貌示范区和精细化管理示范标杆区为目标，以构建"一网统管"平台为重点，积极推进城市管理精细化工作，使商务区更有序、更安全、更干净，为打造国际一流营商环境提供有力保障。

一、"一网统管"平台情况

商务区城市运行"一网统管"项目总体包含商务区"城运""交通""枢纽""会展""经济"等多领域的功能建设，商务区管委会重点承担区域交通统筹发展、综合交通枢纽运营协调，承担区域城市景观、市容市貌、市政管养等方面的顶层设计、标准统一和综合协调，以及城市管理领域相关工作的协调、统筹、督促、指导等任务。

商务区城市运行"一网统管"平台按照从"无"到"有"的思路，从商务区城市运行精细化管理角度出发，打造"2+N+数据底座"架构，"2"为城市运行数字体征和城市运行精细化管理，为管理者提供数字看板及精细化督查督导能力；"N"为若干特色基础库、专题库，在城市运行精细化管理方面，以"跟踪督导管理""网格化服务管理"等为特色，打造虹桥综合城运、综合交通枢纽、虹桥会展、虹桥舆情、项目楼宇、网格化服务等场景，以数据赋能业务应用；以数字化手段赋能，提升商务区城市运行精细化管理，提升城市全生命周期管理水平。平台覆盖大交通、大会展、大商务、大科创四大领域，是一个具备"观""管""防""治"能力的平台，平台突出"跨""特""精""汇"四方面特点。在城市运行精细化管理方面，以"跟踪长效管理"为特色，打造集虹桥综合城运、园区楼宇经济为一体的功能场景，以数据赋能业务应用。"数据底座"是本系统的基础支撑，实现平台对市大数据中心及相关业务数据资源的汇总，并为管委会提供基础服务统一管理能力。

二、平台功能和特点

（一）平台具有"观、管、防、治"四大功能

"观"体现在全面观测和即时反馈，即对商务区城市运行各个方面的实时监控，包

括视频监控、交通流量监控、特色场景等多方面监控。

"管"体现在对资源和服务进行管理，即城市基础设施管理、公共服务设施、事件处理与协调等，提高城市运行的效率和服务质量。

"防"体现在预防各类不良后果的发生，包括极端天气预警、大客流预警等。通过数据分析和模式识别，预测可能的危险或异常状况，及时采取措施减轻其影响。

"治"体现在实时应对和长效处置相结合，即通过快速有效的治理手段，尽快恢复城市正常运行状态，减少事件的负面影响，进行事件后处理、恢复和重建等。

（二）平台具有"跨、特、精、汇"四大特点

"跨"体现在跨区域统筹及协同指挥，即基于商务区辖区范围及统筹协调的职能，建设跨区域统筹、协同指挥的城运共管体系与运行机制。

"特"体现在商务区特色功能场景展示，即结合商务区自身功能，展示集综合交通枢纽、国家会展中心、商业商务楼宇于一体的特色场景。

"精"体现在城运管理与精细化管理相结合，即结合巡查、简报管理及示范区、绿色生态建设等业务场景，构建集"城运管理"和"精细化管理"于一体的长效管理机制。

"汇"体现在多级资源汇聚及共享，即汇聚市、区、街镇级及相关重要节点单位平台数据资源和视频图像，一网统管平台数据及视频也可赋能给所需单位。

图6-5　城市口袋公园——丘谷园

第五节　新一轮专项资金

新一轮专项资金主要用于优化规划布局和区域功能、集聚高端产业和高端人才、完善公共设施和公共服务、提升生态环境和区域品质等方面，重点聚焦"产业集群发展、高能级总部集聚、贸易和消费能级提升、高端人才培育、公共服务优化、生态环境和区域品质提升、重要功能性平台发展"等具体支持领域；在专项资金管理办法基础上，进一步明确专项资金预算申报、申报指南发布、组织项目申报、项目初审、项目评审、项目公示及批复等各环节具体要求，优化工作流程，明确时间节点，强调时效性和及时性，提高专项资金使用和管理效率；明确"严禁出台不当干预市场和与税费收入直接挂钩的补贴或返还政策"的具体措施和规范要求；进一步加大对重要功能性平台和项目的管理和支持力度。对于承接虹桥国际开放枢纽重大战略和落实市委、市政府工作部署，提升商务区整体能级和核心竞争力的重要功能性平台和项目具有重要意义。

一、起草过程

根据《上海市市级财政专项资金管理办法》《关于进一步加强上海市市级财政专项资金绩效管理的通知》《上海市虹桥国际中央商务区专项发展资金管理办法》简称《管理办法》等要求，2024年2月起，管委会会同闵行区、长宁区、青浦区、嘉定区政府相关部门通过实地调研、座谈会、专题访谈及调查问卷等方式，结合市委巡视、人大监督、专项审计对专项资金使用管理方面的有关意见建议，以及上一轮专项资金政策（2019—2023）绩效评价等情况，对照研究了本市市级及相关区域和外省市等专项资金使用管理政策，研究分析了商务区发展面临的新形势、新任务、新要求，4月初形成了《专项资金实施细则》初稿。并充分征求市财政局、市发展改革委和闵行区、长宁区、青浦区、嘉定区政府意见，于8月正式出台。

二、具体内容

《专项资金实施细则》共12条，具体是：

（1）使用原则：明确专项资金"聚焦重点，突出绩效，强化管理"的总体原则，新增"严禁与税收挂钩"的要求。

（2）适用范围：明确专项资金的适用区域和支持对象，明确对象范围"申报支持的项目功能和效益主要发生在商务区内以及市委、市政府确定支持项目的承担单位"。

（3）资金来源和安排：明确"对于承接虹桥国际开放枢纽重大战略和落实市委、市政府工作部署，提升商务区整体能级和核心竞争力的重要功能性平台和项目"和"跨区域项目"的资金安排，进一步强化管委会的主导作用。

（4）资金用途：结合《管理办法》和区域发展要求，优化完善专项资金用途，重点聚焦"产业集群发展、高能级总部集聚、贸易和消费能级提升、高端人才培育、公共服务优化、生态环境和区域品质提升、重要功能性平台发展"等具体支持领域。

（5）支持方式：按照《管理办法》最新要求，新增"产业发展基金方式"。

（6）支持政策：明确应根据"第4条　资金用途"制定相应重点领域的政策意见和项目评审标准。

（7）预算申报和调整：明确专项资金预算申报和管理工作要求和时间节点，新增"应结合重点领域拟支持储备项目和扶持项目分年度拨付等情况，形成下一年度专项资金预算"的预算编制要求，以及预算调整的具体操作规则。

（8）项目管理流程：明确"项目申报、项目评审、项目批复、项目协议书"等具体流程，新增"每年度两次申报""重要功能性平台和项目、跨区域项目和标志性CBD项目等，应由管委会会同闵行区、长宁区、青浦区、嘉定区政府（或涉及区政府）对项目审定后，方可开展项目申报""对列入《高质量推进虹桥国际中央商务区建设三年行动计划》和商务区'十五五'规划等范围的重点发展项目优先予以支持"等内容。

（9）监督管理：明确专项资金跟踪管理和事中事后监督以及专项资金信息系统数据定期维护的要求。

（10）绩效管理：明确绩效管理总体要求，新增"各区负责部门应每年度开展绩效跟踪和评价，如受专业性等因素限制，可委托第三方机构参与绩效管理工作"的规定。

（11）违规处理：新增专项资金严禁与税收挂钩的具体要求，在政策制定、项目申报、项目评审、资金拨付等过程中均禁止与税收挂钩的条款及相关行为。

（12）附则：明确政策执行期间和解释单位，新增"商务区产业发展基金、专项资金项目管理和绩效管理办法另行制定"的要求。

三、特色亮点

进一步优化完善专项资金支持领域。以《上海市促进虹桥国际中央商务区发展条例》第61条为依据，专项资金主要用于优化规划布局和区域功能，集聚高端产业和高端人才，完善公共设施和公共服务，提升生态环境和区域品质等方面。在《管理办法》总体框架下，结合商务区发展要求，《实施细则》进一步细化资金用途，聚焦若干重点支持领域。

进一步加大对重要功能性平台和项目的管理和支持力度。对于承接虹桥国际开放枢纽重大战略和落实市委、市政府工作部署，提升商务区整体能级和核心竞争力的重要功能性平台和项目（资金安排不超过总规模的20%），由管委会牵头，会同闵行区、长宁区、青浦区、嘉定区政府共同推进实施，所需资金50%部分由市级财政保障，另50%部分由闵行区、长宁区、青浦区、嘉定区财政分摊。对于重要功能性平台和项目、跨区域项目和标志性CBD项目等，需由管委会牵头，会同闵行区、长宁区、青浦区、嘉定区政府（或涉及区政府）对项目审定后，方可开展项目申报。对于《高质量推进虹桥国际中央商务区建设三年行动计划》和商务区"十五五"规划等范围的重点发展项目优先支持。

进一步规范专项资金的管理要求和工作流程。明确专项资金预算申报、申报指南发布、组织项目申报、项目初审、项目评审、项目公示及批复等各环节具体要求，优化工作流程，明确时间节点，强调时效性和及时性，提高专项资金使用和管理效率；明确"严禁出台不当干预市场和与税费收入直接挂钩的补贴或返还政策"的具体措施和规范要求。

第六节　虹桥宣传

商务区立足全球视野，全力讲好虹桥故事，充分利用多种媒体渠道，打造全方位对外宣传矩阵，让世界听见中国机遇的强劲脉动，不断彰显中国式现代化进程中的虹桥担当。

一、"桥"联世界，讲好高质量发展的虹桥故事

聚焦重点活动，服务新发展格局。深入贯彻习近平总书记在深入推进长三角一体化发展座谈会上的重要讲话精神，把虹桥国际开放枢纽打造成为改革创新的前沿阵地、链接全球的重要门户、价值创造的协同典范，更好引领长三角一体化发展，更好服务构建新发展格局。积极对接各大媒体围绕商务区重大活动、政策红利、发展动能等，对虹桥国际开放枢纽和商务区国家战略定位、蓝图、愿景，进行全面持续宣传，进一步扩大国际化商务区的显示度和影响力。2024年，各大媒体报道商务区内容约325篇，其中《人民日报》报道17篇，新华社报道15篇，中央广播电视总台报道19篇，聚焦重点活动相关报道网络阅读点击量、播放量累计约5 580万次。

聚焦品质生活，擦亮"虹桥"金字招牌。结合商业活动、特色文旅资源、传统节庆窗口、交通设施完善，如"五五购物节"、"上海之夏"国际消费季、"虹桥GO，购全球"、虹桥天街升级改造、北横通道全线通车等，展现虹桥美好生活，提振消费需求。持续跟进重大项目、重要工程，如沪苏湖高铁开通、机场联络线运行、商务区首条定制公交线路北环线运行、上海荟聚开业、知名企业入驻等，及时跟进、准确报道，相关照片报道被多家媒体引用。

聚焦国际定位，成为链接全球重要门户。商务区（@shhqcbd）海外社交媒体平台在原有推特（X）和抖音国际版（TikTok）两大平台运营基础上，2024年8月正式上线商务区脸书页（Facebook），三驾马车齐头并进，形成强劲的海媒宣传矩阵，并同步保持官方英文网高质量运行，进一步提升虹桥海外传播力度。

海媒平台积极打造成为商务区全方位对外开放的前沿窗口，在宣传上建立虹桥与"长三角一体化"和"进博会"的强关联，高质量讲好"大商务、大会展、大交通、

大科创"的虹桥故事。海外社群媒体广受关注，2024年全年共发布700条内容，共有63条帖文单条阅读量超10万次，其中百万级帖文4条，阅读量4 323万，关注粉丝数超3万。

二、重大活动媒体争相报道

（一）2024虹桥国际开放枢纽建设工作现场会新闻发布会

三周年活动吸引了中央和本市媒体的广泛关注，并在重要版面、集中时段进行刊播报道。新华社报道的《虹桥国际开放枢纽经济密度达4亿元/平方公里》获中国政府网刊发转载，单篇报道浏览量超200万次。上海电视台、东方卫视、上海人民广播电台连续多日播出虹桥系列报道20余条，各大纸媒、新闻门户网站刊发系列专题报道，形成持续、集中的宣传效应，进一步放大虹桥声量，推动虹桥国际开放枢纽建设迈上新台阶。

据不完全统计，大会共计30余家媒体做广泛报道。中央媒体报道20余篇，市级媒体报道70余篇，相关报道网络阅读点击量、播放量达1 596万次，在两周年的基础上翻了四番。

（二）"潮涌浦江·投资虹桥"活动暨2024虹桥国际中央商务区投资促进大会、2024长三角人才发展论坛暨虹桥人才创新发展大会

两次大会活动均受到《人民日报》、新华社、中央广播电视总台等中央媒体的重点关注和报道。《解放日报》《文汇报》《新民晚报》及上海电视台、东方网等总计30余家主流媒体和网络媒体对两场大会进行多角度多层次立体化的宣传报道。市级相关委办局、有关区等均作转发，海外社媒浏览量持续提升。

据统计，"潮涌浦江·投资虹桥"活动暨2024虹桥国际中央商务区投资促进大会、2024长三角人才发展论坛暨虹桥人才创新发展大会相关报道网络阅读点击量、播放量分别约205万次、230万次。活动获得海内外热烈反响，影响力持续放大，得到社会各界特别是商务区企业及海内外投资者、求职群体等多方关注。

（三）《关于支持虹桥国际中央商务区建设国际贸易中心新平台的若干措施》新闻发布会

2024年10月11日，市政府新闻办举行"推动高质量发展"主题系列新闻发布会首场，市政府领导介绍《关于支持虹桥国际中央商务区建设国际贸易中心新平台的若干措施》的有关情况。

本次发布会按照会前预热对接采访对象、会中集中宣传、会后深度报道的宣传方案展开。发布会前，根据五大政策内容对接媒体进行专项报道，以更具体更深入的企业需求呈现《若干措施》的实际应用场景和成效。央视上海总站、中国发展网、上海发布、《新民晚报》、上观新闻、澎湃新闻、《上海证券报》、《青年报》等中央及市级媒体进行广泛报道，引来企业和高质量人才的广泛关注。

（四）虹桥国际开放枢纽建设分论坛暨2024虹桥HUB大会

2024年虹桥HUB大会以"活力聚枢纽 变革育新力"为宣传主线，紧扣"低空经济""人工智能＋"和"走出去"三场闭门会展开多层次多维度宣传报道，据统计，本届虹桥HUB大会共有40余家中央及市级媒体、行业协会对本次大会及闭门会进行关注报道，报道总量达70余篇，浏览播放量超2 100万人次，在第六届虹桥HUB大会的基础上翻了一番。其中，虹桥HUB大会前期预热造势阶段主流媒体宣传报道10余篇，会中高峰阶段宣传报道35篇，专家学者、嘉宾专访7篇，国内外浏览量达1 290万人次，创历史新高。

作为进博上海会议中的亮点边会、虹桥亮相的主战场——低空经济研讨会同样引起行业和全球高度关注，边会媒体宣传报道共计40余篇，浏览播放量达870万人次。其中，商业界权威媒体《财经》杂志为虹桥低空经济做专栏深度报道，并在其媒体矩阵中进行联合推广，让更多商业界人士对虹桥产业布局有更深入的了解。

本次虹桥HUB大会宣传工作实施了会前预热造势、会中全面宣传、会后广泛传播及深度报道的整体宣传策划，形成了网络新媒体、报刊、电视全面联动，图文、视频深度融合的宣传合力，展现出商务区全面落实国家战略，引领长三角一体化发展，在进一步全面深化改革、推进中国式现代化中展现的蓬勃活力和全新气象。

第七章　四大片区协同发展

第一节　闵行片区

2024年以来,闵行片区深入学习贯彻党的二十届三中全会精神和习近平总书记考察上海重要讲话精神,在市委市政府的坚强领导下,在商务区管委会等市级相关部门的大力支持与帮助下,以全面深化改革为根本动力,以高水平制度型开放为战略引领,以强化"四大功能"为主攻方向,高质量推进商务区(闵行)更高水平开放发展,加快把宏伟蓝图化为施工图、实景画,持续提升虹桥国际开放枢纽核心功能,推动中央商务区建设取得显著成效。

一、坚持高质量发展,着力增强总部经济贡献

闵行片区充分发挥虹桥国际开放枢纽国家战略赋能优势和"大商务、大交通、大会展、大科创"功能集聚优势,主动出击、精准招商,做好补链、延链、升链、建链的大文章,积极构建一流营商环境。2024年,商务区(闵行)完成税收收入108.97亿元,同比增长8.1%。推进毕马威、德国大众、理想汽车、国盛能源等各类重点企业落地,累计落地2.65万家。其中枢纽片区全年新增理想智行、麦肯食品、张家港保税科技等总部类企业22家,累计落地272家,总部经济集聚速度和质量再次实现跨越式增长。

"稳增行动"成效显著。充分发挥南虹桥集团主体作用,会同新虹街道成立"稳增长"领导小组和工作专班,围绕枢纽片区各项经济指标任务,聚焦目标分解、监测预警、企业服务、招商纳统、政策落实、评价考核等环节,开展全方位统筹调度,全力保障各项经济指标按期完成。

"筑巢引凤"扩大增量。加大力度"走出去"精准招商,先后赴日本、法国等国

家，以及北京、广州、深圳等城市拜访重点企业，加快项目落地。惠企服务持续深化。坚持以服务强引领、促提升，加大走访企业服务力度，突出需求导向，强化精准对接，切实为企业纾困解难。全年为经认定的各类总部企业、四上企业、高新技术、专精特新、小巨人企业共计百余家企业配备服务管家，累计发放"服务包"百余个，累计办结企业提交包括政策咨询、高管落户、子女就学、业务拓展等各类诉求近百件。深入落实闵行区委审批制度改革试点，先后协助207个项目申请装饰装修工程施工许可证，162个项目高效通过户外招牌设置审批，企业获得感、满意度、贡献度持续提升。

活动品牌不断擦亮。坚定发展信心，成功举办"奋力一跳、虹图大展""喜迎华诞、共绘虹图"系列高能级签约、论坛、峰会等相关活动，不断扩大区域影响力。同时，围绕企业用工、出海布局、人才管理等重点事项，先后举办系列政策宣贯活动，持续为企业充电赋能。此外，聚焦重点领域企业发展，成功举办"走进闵行赋能创变"闵行区新能源专场活动和生物医药产业发展等系列座谈会，进一步推动产业集聚发展。

图7-1　商务区（闵行）重点项目集中签约仪式

二、坚持高端产业引领，着力提高产业集群显示度

以培育和发展新质生产力为导向，前瞻谋划、主动跨前，持续推动生物医药、光伏新能源、数字经济等重大产业项目落地，形成一批项目投运、一批项目竣工、一批项目在建、一批项目落地的产业高质量发展新局面。

生物医药研发总部功能集聚区持续建强。信达、威高、云南白药等已开工项目建设取得阶段性成果。其中，信达生物全球研发中心已投入运营，成为南虹桥区域首个投运的重大产业项目，助力生物医药产业发展迈上新高度；威高部分楼宇已顺利完成分期验收；云南白药实现结构封顶，产业集聚效能加速升级。

新能源产业高地逐步成形。区域集聚天合光能、晶科能源、高测股份、阳光电源等标志性、引领性龙头企业。2024年，南虹桥区域获评上海市新型标准化技术组织——上海市技术标准创新基地（光伏新能源），将进一步推动标准化资源和产业资源更相匹配，为促进区域创新成果转化注入新动能。

数字经济等其他重点产业生态圈持续扩容。赛意、新易腾、诺力等项目顺利开工，印象城一期顺利竣工，华峰实现结构封顶，恒力实现部分结构封顶，虹桥前湾云台、印象城MEGA等项目加快推进建设，初步形成重点突出、梯度有序的产业发展良好态势。

专栏7-1 ▶▶▶

南虹桥区域获评上海市新型标准化技术组织

2024年10月，南虹桥区域获评上海市新型标准化技术组织——上海市技术标准创新基地（光伏新能源）。

随着全球对可持续发展和环境保护的重视，各国纷纷推动能源转型，增加可再生能源的比重。光伏新能源作为可再生能源的重要组成部分，备受关注。商务区（闵行）聚焦服务国家和上海战略，抢抓绿色低碳产业发展机遇，积极布局新能源产业链和引进高能级新能源企业入驻，初步形成了以晶科能源、协鑫集团、天合光能、阳光电源、润阳新能源等一大批标志性、引领性的新能源龙头光伏为代表的新能源产业高地。建设光伏新能源创新基地，有助于加速光伏产业链在商

务区（闵行）集聚，汇聚各方优势资源，推动光伏技术的研发和应用，促进产业升级和高质量发展，提升国家在新能源领域的技术水平和国际竞争力。同时光伏新能源产业具有巨大的市场潜力，可以带动相关产业链的发展，促进就业，推动区域经济发展。

上海市技术标准创新基地（光伏新能源）将大力推动在光伏新能源关键领域先行先试，促进新能源行业转型升级、提质增效，带动行业的技术改造和质量升级，推动光伏新能源行业有序发展、共同发展。积极构建光伏产业生态系统，以标准链打通产业链，整合上下游产业链资源，促进产业合作和协同创新，打造具有完整产业链和可持续发展能力的光伏产业体系。

三、坚持高水平开放发展，着力打造创新政策策源地

自总体方案发布以来，闵行区积极做好国家、市级政策承接，争取金融、人才、平台建设等政策在闵行先试先行。针对总体方案安排的29项政策措施，闵行区已操作应用包括跨境金融、外资准入、人才管理改革、离境退税等方面，奇石乐、邓白氏等数十家企业已享受开通自由贸易账户、接入国际互联网数据通道等政策红利。针对《关于推动虹桥国际开放枢纽进一步提升能级的若干政策措施》24项专项政策措施，闵行区已操作应用包括外国人才居留许可、临床急需药品临时进口等方面。发挥商务区产业、科技、人才、金融等政策的叠加效应，推进闵行联动创新区成为首批上海自贸试验区联动创新区之一，同时跟进《关于支持虹桥国际中央商务区建设国际贸易中心新平台的若干措施》落实，打造政策"新高地"。

专栏7-2 ▶▶▶

闵行区成为首批上海自贸试验区联动创新区之一

2024年8月15日，经市政府批准，在黄浦、徐汇、虹口、杨浦、宝山、闵行6个区内的重点区域，以及位于自贸试验区外的松江、漕河泾（闵行）、奉贤、

金桥、青浦、嘉定6个综合保税区设立上海自贸试验区联动创新区，形成"6+1"首批联动创新区"一区一方案"。

根据上海自贸试验区联动创新区建设总体要求，结合闵行产业基础和未来产业发展方向，闵行联动创新区建设方案聚焦两条"新"发展主线，第一个"新"，打造国内国际双循环的国际贸易新平台，要发挥商务区国家战略优势，突破原有传统贸易模式，大力发展数字贸易、离岸贸易等新型国际贸易；第二个"新"，打造"科创+产业"深度融合的高端智能制造发展新引擎，要依托"大零号湾"科技创新策源优势，通过科技创新推动产业高质量发展，实现科技创新与产业的融合发展。

闵行区联动创新区包括商务区（闵行）、"大零号湾"科技创新策源功能区两大区域中的产业板块，总面积约46平方千米，围绕打造促进内外贸融合发展的新型国际贸易新平台和"科创+产业"深度融合的高端智能制造新引擎。

四、坚持高层次专业服务业招引，着力提升"走出去"能级

依托以国内大循环为主体、国内国际双循环相互促进的新发展格局战略优势，持续优化"6+365"常年展示交易平台及其他专业服务平台功能，加速聚集支持高质量发展的专业服务要素。2024年，虹桥进口商品展示交易中心建设取得里程碑式进展，虹桥品汇B栋在第七届进博会期间首次启用，交易中心整体66万平方米载体全面投运，商展贸一体化功能实现新跨越。新增麦肯、金塑宝、深圳高美食品等贸易型企业40余家，累计达962家。累计服务600多家进博展商，汇集来自全球120多个国家和地区的8万多种商品。

积极创建"丝路电商"辐射引领区，设立"丝路电商"常年展示展区，发布一体化服务清单，上线虹桥国际咖啡港线上平台，并推出"丝路电商"好物集市，共举办35场电商直播。虹桥B保跨境电商进口业务实现1 226万单，占全市总量约55%；交易总额达26.4亿元，同比增长49.72%，占全市总量的44%；销售金额和销售总单量均列全市首位。

人力资源产业加速布局。中国上海人力资源服务产业园虹桥园新增肯耐珂萨、人瑞科技等62家人力资源企业，累计落地265家。通过举办"新质生产力背景下的人力

资源发展专题交流会"等20场系列活动及供需对接会，助力中国企业一站式出海。此外，虹桥园特色服务品牌"HQTP国际人才会客厅"再次亮相第七届进博会，主办第二届上海虹桥人力资源服务全球发展大会，促进国际人力资源服务交流与合作。

法律服务体系不断完善。虹桥国际中央法务区已集聚151家龙头法律服务机构及平台，2024年新增法德东恒、数科等法律服务机构，并引进上海市律协和上海仲裁委员会虹桥中心入驻，初步形成15分钟长三角"仲裁圈"。

配合推进虹桥海外发展服务中心正式运营，依托"一网通办"综合服务区，推出近百项"出海入华"服务事项和千余项线上线下服务情形，全面提升办事的便捷性。通过提供ODI咨询、海外贸易等十大类专业服务资源以及为海外高层次人才提供工作许可、居留许可等全方位的业务咨询，为"走出去"和"引进来"的企业和人才提供一站式高质量服务。

上海国际技术交易市场助力科技创新与成果转化取得新成效，InnoMatch全球供需对接平台注册用户累计近2.7万人，其间新增需求2 003个，撬动企业意向投入资金新增72.48亿元，新增成果1 222个，成功举办第五届世界技术经理人峰会。虹桥海外贸易中心新增上海外服国际经济合作分公司，已累计吸引43家境内外贸易机构入驻。

五、坚持高标准规划管控，着力优化固化重点规划

为促进国际化产城融合，打造引领高品质生活的国际化新城区。动迁腾地扎实推进，2024年新增石药、商品住宅、运乐路上盖等地块完成收储。虹桥前湾片区在已明确规划蓝图基础上，持续围绕总体目标，进行高标准规划统筹，进一步优化完善空间布局和区域功能。

规划实施管控效能不断强化。前湾规划建设总控平台基本完成搭建；虹桥前湾片区规划建设实施管理手册（道路交通篇）已通过区政府常务会审议，为闵行区第一册直接辅助工程项目从立项到审批审查的高品质建设指引性文件，将进一步推动虹桥前湾片区高品质城市建设向纵深迈进，实现高质量建设、高效能治理。

系列专项规划不断深化。完成交通与竖向、交通影响评估、雨水、污水等4个专项规划批复或取得行业部门认可；虹桥前湾片区成功通过上海市绿色生态城区技术审查，荣获市住建委颁发的三星级绿色生态城区（试点）称号；推进低碳发展实践区完成中期评价专家评审；"数字前湾"形成中期成果，提升前湾智能化管控水平；上海示范区线前湾片区站名成功申报为"前湾公园站"。

图7-2 前湾中心效果图

重点项目规划调整及研究全力推进。为强化高端产业引领集聚，在原三单元控规的基础上，结合重点项目和产业发展需求，优化各类用地布局，加大产业用地供给。完成石药、动迁房三期、商品房套数调整共3个控规项目批复。各类设计方案高效推进。前湾公园持续推进配套建筑、雕塑小品、标识系统等专项设计，动迁房一期及周边绿地方案形成成果，生物医药板块绿地等设计方案稳步推进。

重要资源和规划条件争取落地。持续跟进商务区及周边地区专项规划；深化25号线选线研究，局部优化25号线至虹桥枢纽片区，并新增联友路加密线，提升区域轨交覆盖密度。

六、坚持高品质开发建设，着力提升城市基础配套能级

2024年来，为构建宜居宜业国际化环境，闵行区持续强化城市核心功能打造和服务能级提升，品质化城市配套逐步优化，国际化产城融合功能不断完善。基础设施框架加快构建，城市面貌焕然一新。

交通网络持续完善，配合市级单位推进嘉闵线、轨交13号线、示范区线连续施

工，园堂路一期、闵北路等骨干道路和龙联路桥区区通道路顺利完工，助力区域重点产业、住宅配套完善的同时，强化与青浦区路网衔接，进一步提升路网便捷度。生态环境不断提升。前湾公园一期可实施区域实现完工，1万余平方米中央大草坪初具雏形，公园二期推进建设，三期推进前期研究。新虹清洁生态小流域、华漕清洁生态小流域实现完工。

公服配套不断优化。华东师范大学闵行前湾基础教育实验园区建设取得突破性进展。园区首个教育配套项目，季乐路幼儿园完工并正式开园。5月，07-04小学（华东师范大学闵行前湾实验小学）和06-02幼儿园（华东师范大学闵行前湾实验幼儿园西园）陆续破土动工，致力于打造优质前湾教育集群。虹桥会议中心已全面建成并投入使用，将常态化承担商务区重要会议、高峰论坛及高端商务会展活动的功能需求。

多层次租赁住房加快供应。2024年4月12日，南虹桥首个保障性租赁住房项目虹尚安雅居正式开业，同步发布"新时代建设者管理者之家"，共提供了51间住房、102个床位和816套人才公寓，持续彰显城市建设温度。城市更新项目抓紧推进。推进爱博家园六、七村等多个美丽家园项目完工，越来越多的老旧小区实现美丽蝶变，生活环境得到了显著改善。

第二节　长宁片区

商务区长宁片区深入贯彻落实习近平总书记2023年11月在上海考察时强调的"进一步提升虹桥国际开放枢纽能级"的指示要求和党的二十届三中全会精神，全力推动区域一体化高质量发展。

一、提升产业能级，培育区域经济提质增效新品牌

（一）发展枢纽经济

一是夯实航空优势产业压舱石。长宁片区强化"航空＋总部"产业生态圈布局，大力推动高附加值航空服务全产业链发展，不断扩大"东航＋春秋"双发驱动规模，推动形成"大飞机＋直升机"两翼齐飞格局，集聚东方航空、春秋航空总部以及直升机龙头捷德航空总部等航空企业。依托空铁复合的优势，航空服务业已经催生出航材、航油、航食、航信、航空金融、飞机租赁等细分产业，并随着虹桥国际机场功能完善不断提升产业集聚度。

二是抢抓低空产业发展快车道。东虹片区作为关键承载区，着力建设"一园区、两经济、三场景、四中心"（落实一个园区建设，强化总部和数字两大经济赋能，实现城市载人、物流配送、文旅观光等三大场景应用，布局低空技术创新、适航审定服务、低空人才培训、保障服务支持等四个中心建设），锚定低空经济总部集聚区的市级定位，充分挖掘"虹桥之源"厚重历史积淀和国家级临空经济示范区先发产业优势，致力于打造长三角低空经济总部集聚区，推动龙头企业、功能性机构共聚东虹桥发力低空新赛道，共谋低空经济发展"黄金期"。

在落地成果方面，第七届进博会期间举办的"低空经济新篇章 虹桥枢纽新动能"研讨会上，虹桥国际低空经济产业园（长宁园）正式揭牌，以航空九院低空科技为代表的四家低空经济企业拟落地长宁片区。上海低空经济产业发展有限公司和深空探测科技发展（上海）有限责任公司相继成立，标志着长宁片区在航空航天领域布局的进一步深化。

在资源协同方面，充分发挥"智库"优势，加快对接市航空学会、通航协会、无

人机产业协会等企业和专家，合作成立"上海虹桥低空经济研究院（拟）"。举办低空智联网闭门研讨会，会同监管机构、行业龙头、科研院所等共同研究低空智联网努力方向和实施路径，将比较优势转变为发展胜势，为"数字＋低空"经济发展打好基础。

（二）做强总部经济

全力推进总部"虹聚"计划，持续推进区域总部企业集聚，全面服务"总部在虹桥，制造在长三角"的产业梯度布局，积极落实总部增能计划，坚持"一企一增能"项目管理和专班服务机制。总部企业集聚已成为东虹桥一张特色名片，区域内汇集了联合利华、博世、江森自控、亚瑟士、库博标准等一批跨国公司地区总部以及兰卫医学、雅睿生物、欧普照明等一批商务区认定的总部型企业。2024年以来，陆续推动山特维克、禾大化学品等总部项目以及丹纳赫系、东航金控系、携程系等关联企业落地，丹尼斯克成功获批外资研发中心，新联纺被评选为商务区贸易型总部。

（三）赋能数字经济

一是聚焦筑牢数字"底座"。依托"虹桥之源"在线新经济生态园、虹桥临空数字经济产业园，聚焦人工智能、数字健康、数字出行、数字消费四大重点发展区及数字空港融合拓展带功能布局，发挥携程、爱奇艺、科大讯飞等数字头部企业引领作用，打造更具竞争力的数字产业集群和科创生态，助力新质生产力加速形成。

二是支持头部企业开发数字化项目。支持携程开发数字化差旅管理项目，支持百秋研发AIGC零售全链路数智洞察平台，支持机场集团"5G+数字孪生"项目建设，支持百秋建设容么么数字中心直播基地，持续建设史泰博等一批生产性互联网服务平台，力争在全市乃至全国形成影响力。

（四）打造特色园区及功能平台

一是持续推进金融园品牌建设。2023年11月，西郊国际金融产业园联合投教基地正式设立，旨在定期开展投资知识科普、投研市场观点分享、家族家庭信托服务、资产配置策略等最新行业动态与洞见的分享，助力推动虹桥财富管理走廊建设，为打造立足大虹桥、辐射长三角的国际化财富管理高地蓄势增能。2024年，累计投教活动举办7场，覆盖近300人次。为提升产业园显示度和园区企业集聚度，积极推动金融园破题行动，引导和支持园区运营公司围绕入驻、配套和服务三大板块，不断创新服务模式和服务内容，形成标准化、精细化服务范式，加速园区品牌建设，提升园区物业管理附加值。

二是加快落实新兴服务平台布局。2024年4月，"虹桥海外发展服务中心（东虹

图7-3 "虹桥海外发展服务中心（东虹桥）—中国企业出海总部服务中心"启动

桥）—中国企业出海总部服务中心"正式启动，以品牌餐饮企业出海、医疗器械行业出海先锋、"厂二代"出海为主题，打造"虹桥出海沙龙"品牌，为国际品牌"引进来"和本土品牌"走出去"提供有力支撑。6月，全市首个"专利超市实践站"在东虹桥中心启动运行，力争进一步打通细分领域产业链上下游创新成果的转移转化。

三是不断深化特色产业园建设。持续深化"虹桥之源"在线新经济生态园、大虹桥生命科学创新中心等特色产业园打造。虹桥临空数字经济产业园是上海市第二批14个特色产业园区之一，也是唯一一个以数字方向入选的市级特色产业园。2024年1—12月，"虹桥之源"在线新经济生态园实现营业收入3 438.21亿元，新引进数字消费、数字出行、数字健康、人工智能等特色产业类型企业212家。

二、强化招商攻坚，激发存量挖潜增量提质新动能

开展高质量"走出去"招商。东虹办与浙江商会共同举办"投资上海全国行·长宁东虹片区"系列活动，赴台州、绍兴、宁波开展招商宣介，发挥龙头企业引领作用，推动"以链招商"，助力长三角企业实现跨区域高质量发展。街镇园主要领导带队赴苏州、南京、杭州、北京、合肥、深圳、厦门、西安等潜在招商目的地，以叩门招商、

企业家圆桌交流会等形式，寻求合作新机遇，推动峰岩半导体、高仙机器人、纷布服饰、仕珂睦斓（上豪文化）、欧卡智舶等高能级项目落地。

推进多渠道招商宣介。举办和参与多场"家门口"投促活动，如功能性化妆品高端企业家圆桌会、"Ta力量·共崛起"三八女神节女企业家沙龙、"它经济"——长宁区创投沙龙、长三角ESG绿色创新论坛、亿欧出海系列沙龙活动等。面向片区企业开展税务合规、知识产权、新《公司法》等专题讲座，为吸引长三角区域市场归集加强政策宣传。充分发挥长三角企业家圆桌会、商务区早餐会、区创投沙龙等作用，以平台聚集的高净值群体作为突破口和施力点，不断强化平台招商、资本招商、活动招商成效。

抓好招商队伍建设。提升专题培训、人才盘点质效，紧抓招商人员素质提升，不断增强营商服务中心团队内部活力，帮助招商人员夯实基础练好内功，努力将每一位招商人员培养成为懂招商、会招商、熟悉招商业务、精通项目帮办的内行人和多面手，合力推动区域招商引资工作再上新台阶。2024年1月，东虹办以"尽锐出战谋开局 铆足干劲启新程"为主题举行东虹片区招商路演汇报会，由10位来自临空园区、程家桥街道、新泾镇的分管领导和招商中心负责人为"一街一镇一园"招商团队成员分享招商心得，加快打造一支"懂经济、懂产业、懂市场、懂政策、懂企业"的招商干部队伍，推动街镇园营商团队充分联动、尽快破题。

三、优化营商环境，铸造一体化高质量发展新引擎

（一）完善企业服务

一是做好企业全生命周期服务。全力办好"企业开门七件事"，打造综合共享的三级三系服务体系，落实重点企业"服务包"制度。打造"四心三最"服务品牌，进一步完善了8大类32小类168项服务内容，提供最全面、最贴心、最专业的服务。在特色服务方面，捕捉到企业出海需求后，携手区商务委和"亿欧出海"专业平台，为企业提供最新的出海资讯，成功举办"虹桥出海沙龙"第一期——中国餐饮出海论坛，帮助企业进行相关的交流和培训，为企业拓展海外业务提供新思路。

二是着力优化法治化营商环境。以市场主体需求和感受度为导向，将条线工作引入一线阵地，推动公共服务平台资源整合，为企业提供一站式、一条龙服务。2024年3月，"蓝鲸"护企工作站在长宁片区揭牌设立，随后东虹办聘任长宁公安分局经侦支队的四位优秀民警担任东虹桥"营商服务员"，切实为长宁片区企业提供更精准、更专

业、更高效的法律维权、合规审查、宣传指引等一体化服务，有效维护辖区内企业的合法权益。

三是协同发力擦亮营商服务招牌。2024年4月，东虹办与长宁区市场监管局签署《促进东虹桥片区高质量发展合作协议》，这也是市市场监管局与商务区管委会签订《共建制度型开放高地合作协议》后发布的首个虹桥片区合作协议，从"对接落实市级协议、优化营商环境、赋能产业升级、夯实高质量发展基础"维度部署合作方案，推进落地落实。此后，商标品牌指导站、市场监管合规指导服务站、长宁区生物医药注册指导服务工作站暨化妆品注册备案咨询服务工作站长宁片区联络点接连揭牌成立，面向片区企业开展商标指引、合规指导、生物医药产品注册及产业落地等清单式、集成化服务，为片区企业健康合规发展保驾护航。

（二）完善人才服务

一是集聚国际高端人才服务。虹桥海外人才一站式服务中心于2024年4月整体搬迁至光大安石新址，在"搬家"的同时，中心也实现焕然升级，推出海外人才通关便利、安居保障、社会保障、公证认证、创新创业、人才落户及生活融入共七大服务事项，有机整合长三角海外人才服务机构、长宁人力资源党建联盟和海归人才创新创业

图7-4 虹桥海外人才一站式服务中心

首站等三个空间，吸纳一批长三角优质人力资源机构，与长宁党建联盟单位同频共振，为海外人才提供更加专业的人才服务。

二是打造近悦远来的人才服务高地。聚焦重点行业和重点企业的人才需求，在人才落户、子女就学、安居保障、专业培训等方面抓好政策落实，提升企业人才获得感。提供"配送式""点单式"和"融合式"相结合的精准服务，持续翻新活动菜单，开展税务发票、知识产权、新法速递、高企认定等专题培训。推出"最虹桥·'程'心为你"青年人才服务包，涉及就业、安居、健康、婚恋等多个方面，满足青年人才成长发展需求。

四、提升城市形态能级，打造宜居宜业产城融合新样板

（一）重点项目建设

加快推进重点项目实施进度，推进上海荟聚中心建成并正式运营，继光大安石大融城、东虹桥中心、百联西郊之后，宜家荟聚9月在长宁片区重磅开业。推进虹桥人才公寓竣工完成并开放入住，项目秉承"小而美、小而精、小而全"的设计理念打造，提供面积20—104平方米不等的5400余套不同房型房源、1600余个停车位和3万平方米服务配套商业。推进联影医疗产业园已开启内部装修和室外总体施工，虹桥上城开启室外总体工程，机场P-04项目已完成主体结构施工。同时，积极配合机场集团、中航油、东航和民航华东局、空管局五大驻场单位自有土地的整体更新。加快工贸小区城市更新进程，推动城区功能增强、布局优化。

（二）交通网络建设

外环西段功能提升（长宁段）主线启动土建施工，临空园区共享班车建设有序推进。临空园区福泉路地下通道开放通行、协和路地下通道完成竣工验收，标志着临空园区七下八上勾连慢行系统关键节点的打通。

（三）城区品质提升

构建高水平城市生活空间，丰富虹桥体育公园、外环生态绿道及驿站等休闲空间载体功能，打造连点成面的多层次生境花园网络，推动新泾镇于2024年5月设立开放全国首家以"生境"为主题的社区博物馆——上海社区生境博物馆，提升区域整体生态服务功能，促进产城融合和谐发展。创建绿色低碳城区，推动新建建筑100%达到绿色建筑二星级标准，其中商务区机场东片区绿色生态城区范围内的新建项目要求达到三星级标准。发展超低能耗建筑。

五、擦亮"最虹桥"品牌，拓展虹桥国际开放枢纽新功能

强化"最虹桥"目标引领。全面融入商务区建设，积极发挥长宁作为"虹桥之源、国际枢纽"的辐射带动效应，全面推动"最虹桥"引领行动，搭好"一套PPT、一本宣传册、一部宣传片、一张产业地图、一张楼宇清单"的"五个一"宣传矩阵，打响"最虹桥"硬核品牌，打造东虹桥超级IP。

提升"最虹桥"显示度。积极融入商务区高能级投促活动。2024年7月，"潮涌浦江·投资虹桥"活动暨2024虹桥国际中央商务区投资促进大会举办，长宁片区邀请携程、统一、欧普照明、泰禾等10家重点企业参会，长宁区与徕卡生物科技（上海）有限公司、上海纳柯瑞信息技术有限公司签约。

图7-5 "活力东虹"系列活动发布仪式

第三节　青浦片区

商务区青浦片区是进博会的永久举办地和国家会展中心所在地，也是极具创新活力、增长动力和发展潜力的区域。虹桥国际开放枢纽建设以来，青浦片区以功能建设为引领，着力打造国际化中央商务区、国际贸易中心新平台，持续提升服务长三角和联通国际的能力，各项工作取得显著成效。

一、以提升大商务功能为引领，加快打造一流中央商务区

（一）总部经济能级有效提升

一是加快集聚高能级总部。累计集聚各类总部企业近百家，三棵树、新潮传媒、惠泰医疗三大高能级总部项目成功落地，中环领先半导体（上海）有限公司、嘉为信息、中昊针织、融和新能源等重点企业签约落户，助力塑造青浦片区新质生产力。形成了央企总部、跨国公司总部、民企总部、新兴科技总部汇聚的总部经济集聚升级新高地。

二是加快集聚各类专业服务机构。发挥现代物流业、会展服务业、北斗空间信息服务业等产业优势，加快打造生产性服务业特色功能平台。围绕大宗商品交易和专业服务两类平台，虹桥打造生产性互联网服务平台集聚区方案逐步细化落实。积极对接会计服务类专业机构及相关企业，探索利用上海国家会计学院等平台，在片区范围内逐步打造专业会计服务的产业生态圈。

（二）持续深化拓展贸易功能

一是加快推进"丝路电商"合作先行区样板区建设。制定出台《青浦区推进"丝路电商"合作先行区的样板区推进任务书》，梳理形成26项具体举措。举办"丝路云品"HI购徐泾、走进青浦"丝路电商"企业对接活动。徐泾镇发布《关于落实青浦区打造"丝路电商"样板区的行动方案》。绿地全球商品贸易港打响"丝路电商"好物集市，发布上海首个企业"丝路电商"发展计划，未来将设立创业引导资金。"丝路电商"示范样板区完成德真、同联跨境电商"双子园"打造。俄罗斯馆落户德真智慧园区，同时推进5个国家商品展示馆落地。青浦丝路电商境外品牌孵化中心、青浦华新丝

路海外仓与海外贸易分中心等服务载体加快发展,帮助有走出去需求的中国企业对接"一带一路"投资机遇。积极探索制度创新,联动青浦综保区在全市率先打通跨境电商"1210出口"模式。

二是积极支持企业"走出去"。制定《青浦区加快发展跨境电子商务实施细则》,加大对企业"海外仓"和海外营运扶持。成立"虹桥海外贸易发展中心青浦分中心",为企业"走出去""引进来"合作搭建服务平台。联采项目成为第一个与联合国机构官网互联的采购资源对接平台、第一个由联合国授权认可的供应商"白名单"数据库平台、第一个与联合国机构协同为企业提供权威可持续能力认证服务的平台,以及第一个组织企业走进、了解联合国机构的平台。2024年中国联合国采购大会成功举办,"联采项目"服务企业中标31次,总金额约1 600万元。

三是大力开展招商引资活动。积极赴北京中关村、广州等地开展招商推介活动,精准对接重点企业,推进在谈项目落地。协助举办并积极参与"潮涌浦江·投资虹桥"活动暨2024虹桥国际中央商务区投资促进大会,召开"潮涌浦江·智创青浦——2024年青浦区国际投资分享会",一批重点项目完成现场签约。

(三)加快建设西片国际级消费集聚区

一是加快引入商业设施配套。上海虹桥希尔顿逸林酒店于青浦片区正式启幕,为青浦城市更新、产业升级注入新动能。结合"一刻钟便民生活圈"示范社区建设,加快打造智慧早餐、智慧菜市场等商业应用示范场景。

二是加快突破文商旅融合。配合商务区管委会开展"虹桥新动力,青浦616"城市漫步活动,推出徐泾特色遛弯路线、亲子活动遛娃路线等特色路线,进一步推进上海西片国际级消费集聚区建设。作为首位140万平方米大型文化商业综合体项目五大板块之一的剧院群首个剧场,首位亲子微剧场正式开业并获颁"青浦区文旅融合示范点",将引进超30部国外儿童剧,致力于打造长三角的亲子文化演出新地标。此外,首届上海国际光影节青浦分会场在青浦片区的蟠龙天地点灯开幕,蟠龙天地"江南风物季"正式启动,以及"2024青浦四叶草之夜音乐节"盛大开演。

三是加快发展重要商业载体。持续推进百老汇剧院群、兰韵文化中心项目建设。总投资20.5亿元集企业总部办公、商业MALL、水视界商街、高端酒店于一体的虹桥豪盛广场商办项目正式启动,助力青浦片区多元化产业集聚发展。蟠龙天地开业一年来共计接待2 500万人次客流。2024年五一期间销售额超过2 400万元,获评上海市级旅游休闲街区。

二、以提升大会展功能为引领，加快构建国际会展之都核心承载区

（一）持续提升会展产业能级

一是加快建设会展产业高地。持续做好虹桥国际会展产业园建设工作，打造全产业链的国际化、专业化、品牌化会展经济集聚区。2024年，新增会展企业110家，累计引进集聚上海市会展行业协会、上海市国际展览公司、英富曼、中贸美凯龙、市贸促会与阿里巴巴共建的云上会展有限公司等会展及相关企业426家。累计完成会展业产值约40亿元，会展产业规模持续增强。

二是强化进馆招商。组织企业参加进博会，开展青浦区营商环境考察暨进博会展客商交流座谈会等系列活动。制定全区会展招商方案，指导各经济主体对接并入驻国家会展中心，形成长期合作关系，让更多参展企业走进青浦、了解青浦。组织3场第七届进博会展前供需对接专场活动，加强圆通快递与国展中心开展物流合作。

三是全力保障第七届进博会。完善常态化服务保障工作机制。深化总结前六届进博会好经验、好做法，突出"便利、智慧、绿色"特点，制订区级层面总体方案和任务清单。牵头成立区服务保障进博会前线指挥部，统筹谋划、协调推进全区各项服务保障工作，不断扩展"四大平台"功能作用。

（二）持续放大进博溢出效应

一是加快出台扶持政策。《青浦区关于进一步放大进博会溢出效应促进高能级贸易主体集聚发展若干措施》正式印发，围绕大数字、大健康、大商贸三大核心功能，全力打造全球高端进口资源要素配置新高地、高水平对外开放新窗口、区域协同发展新引擎。

二是持续举办高端国际活动。SNEC PV+第十七届（2024）国际太阳能光伏与智慧能源（上海）大会暨展览会盛大开幕。其中，国际展商占比超30%，来自全球95个国家和地区的政府代表、学术权威、领军企业、金融机构和媒体齐聚SNEC展会，实现了"买全球"到"卖全球"的转变。成功举办2024国际会展业CEO上海大会，全球知名会展机构CEO共同探讨中国消费市场快速迭代对本土及国际会展业的双重影响。成功举办第五届长三角国际文化产业博览会，为长三角文化产业发展注入新活力。举办青浦区招商推荐会，吸引境外商会、进口国家馆和参展企业落户青浦，有效搭建起国内国际双循环桥梁纽带。

三是持续打响"进博集市"品牌。绿地全球商品贸易港延伸开设创立"进博集

市"，在全国开设13家分港，完成了"6+365进博集市"在杭州市的首站活动。提供"永不落幕"的、集聚贸易供需各方的沟通平台，增加开放交往、创新创意、资金技术的商业机遇，为实现"展品变商品""意向变订单""展商变客商"转化，鼓励有意愿的境外参展商到长三角区域各省市进行展贸活动，把进博会打造成为长三角对外开放的重要窗口。

（三）加快推进会展产业生态圈建设

依托国家会展中心（上海）和虹桥国际会展产业园，有序推进云上会展数字化智能平台建设，促进数字空间和实体展馆有机结合，构建会展产业新生态。充分发挥会展产业集聚效应，积极对接引进会展关联贸易机构和国别商会、行业协会，促进贸易功能集聚，积极发展新型国际贸易。加大会展人才支持力度，对会展产业相关人才予以支持，对符合条件的人才在购租房补贴、人才落户、人才公寓等方面均给予大力支持。

三、以提升大交通功能为引领，加快打造品质化国际城区

（一）加快推动交通基础设施提档升级

一是有序推动轨道交通建设。沪苏湖铁路正式开通运营，上海虹桥至湖州站最快55分钟可达，长三角基础设施一体化建设再提速。全力配合推进示范区城际线建设，市域铁路机场联络线正式开通运营，17号线西延伸全线贯通，协助推进轨交2号线西

图7-6　上海市轨道交通2号线西延伸工程项目现场

延伸、13号线西延伸，配合开展25号线延伸至华新镇的规划方案研究。

二是稳步推进道路交通建设。加快完善高快速路集疏运服务体系，加速推动G15抬升扩容和G50扩容及智慧高速改造，实现"外围环路系统"扩容，启动G318改扩建工程，持续推进区区对接与镇镇对接道路工程。

三是不断完善公共交通网络。正在结合虹桥单元规划，加快中运量线路方案研究。结合第七届进博会保障，优化进博会停车总体保障方案。

（二）加快推动城市区域品质优化提升

一是有序推进城中村改造项目。实施城中村改造项目控规调整，徐泾老集镇城中村改造项目持续推进，凤溪"城中村"征收攻坚扫尾工作加快推进，力争实现签约率、腾房率两个100%。"蟠龙公园"绿地完成了3万平方米的河道整治和水生态修复，恢复了蟠龙"九龙一凤"古桥文化，再现"蟠龙新十景"，打造上海西部"江南会客厅"，宜居宜业的绿色家园加快形成。蟠龙"城中村"项目获2023中国城市更新优秀案例之"全国五大片区更新奖"以及上海"15分钟社区生活圈"优秀案例"烟火街市"美好创作奖。

二是持续推进保障性租赁住房筹措工作。以资源联动、功能融合、发展协同为中心，结合枢纽地区布局规律，按照"15分钟生活圈"要求，圈层式联动布局重点区域租赁住房。住房空间资源布局持续优化，鼓励市场化主体积极参与保障性租赁住房建设。

三是持续完善高品质公共服务。有序推进幼儿园、小学、九年一贯制学校等一批基础教育项目建设。加快推进区公共卫生中心建设，基本完成验收结算。持续完善为老助老服务设施，加快建设社区长者食堂、家门口养老服务站、社区老年人日间照料中心等。持续优化生态环境，小涞港被列入2024年"上海市美丽幸福河湖"评选名单。持续推动公共绿地植入文化、体育等功能，加快推进安踏体育公园建设。深化林长制工作，"口袋公园"布局和人居环境提升工程稳步实施，各类绿地建设加快推动。加快布局公共体育事业，市民益智健身苑点、市民健身步道、门球场和篮球场等公共体育设施建设持续推进。

（三）加快推进精细化秩序管理升级

一是持续加强风险隐患防范。将青浦片区工地进行分级分类管理，对联合检查出的问题明确整改时限和责任人，实现对安全生产和风险事件的实时预警。持续加强长效管理，强化施工车辆冲洗、扬尘污染、物料堆放、围挡规范等工作的监督管理。

二是持续提升城市空间治理能力。督促商业体完善周边非机动车停放方案，将区域内轨交站点的非机动车管理纳入中心一体化管理范围，挖掘闲置空间优化停车方案。

四、以提升大科创功能为引领，加快打造创新产业新高地

（一）加快建设长三角数字干线首发站

一是持续推动在线新经济生态园建设。聚焦数字贸易、工业互联网、空天信息等在线新经济产业发展，以数智西虹桥为引领，发挥华测导航、银科等总部企业引领作用，大力发展数字经济，打造长三角数字干线首发站。

二是加快推进重点平台建设。积极推进长三角绿洲智谷·赵巷、网易上海文创园、北斗时空智能产业园、市西软件信息园"大数字"创新实验室等项目建设，吸引和培育一批有显示度的数字贸易领军企业。

图7-7　长三角聚劲科创大赛半决赛暨创新融通交流对接会

（二）持续提升低空经济产业能级

一是加快集聚低空经济产业集群。《青浦区低空经济产业高质量发展行动方案（2024—2027）》正式出台。虹桥国际低空经济产业园（青浦园）及长三角低空经济虹桥产业园正式落地，发挥北斗导航西虹桥产业基地、无人机研发制造企业、快递企业总

部集聚等优势，重点发展电动飞行器制造等4个细分赛道，未来将拓展"低空+物流""低空+商务""低空+文旅"等多种终端应用场景。有序推进通用机场建设相关研究。

二是持续完善北斗西虹桥基地综合服务功能。聚焦产业创新，重点围绕技术+资本+人才+环境，多维一体协同推动北斗与空间信息先导产业集群发展。着力完善产业体系，深挖商业航天、多源融合、高精度应用等行业领域企业资源，加快集聚相关产业链上下游企业，截至2024年底，累计引进产业链上下游企业800余家，覆盖北斗高精度全产业链，包括芯片、模块、天线、终端、平台、数据等，相关产品占据国内市场份额超过1/4。

（三）持续推动特色产业与创新深度融合

一是持续推进"上海文化影视科技产业集聚区"建设。已集聚烧糖文化、上象娱乐等一批影视科技龙头企业，累计引入影视行业头部企业、明星工作室104家，正加速布局文化影视科技产业发展新赛道，助力上海加快建设全球影视创制中心。国内首个国际化影视级VP虚拟制片影棚落地上海文化影视科技产业集聚区。

二是有序推动长三角数创先导区（徐泾104区块）建设。实施2.5平方千米园区整体二次开发，全力推进空间腾退和数字产业功能落位。依托104转型区块为基础的"虹桥泾地"，进一步做强"研发属性"，加快导入未来产业赛道企业，吸引一批高新企业落地"虹桥数创天地"。

图7-8 上海文化影视科技产业集聚区

三是持续打响"虹桥数字物流装备港"品牌。全力支持华新片区建设虹桥数智供应链集聚区，持续推进上海虹桥数字物流装备港（华新片区）改造先行试点项目，打造智能化国家物流枢纽。围绕分拣设备制造、智能机器人研发、无人机技术研发、氢能源汽车物流应用、冷链运输技术装备等方面，持续提升快递物流产业全流程数字化、智能化和装备化水平，以"生态+科创"为导向，加快构建"虹桥数字智造集聚区"。

五、积极促进区域联动，持续提升服务长三角和联通国际的能力

一是不断完善营商环境政策体系。协同构建商务区特色营商环境指标体系，配合开展商务区营商环境评估，配合编制商务区营商环境方案，打造国际贸易特色营商环境。贯彻落实市人才高地核心区实施方案，协同建设虹桥国际商务人才港，配合编制商务区人才高地建设方案，完善人才政策体系。

二是不断加大企业服务力度。持续加强青浦片区企业服务中心标准化建设，不断深化市场准入、税务等综合服务以及跨区域办理、涉外服务、自助帮办、营商会客、个性化特色服务等综合服务功能，构建人才、商事等一站式政府服务平台，为重点企业提供一对一、全流程服务。

三是持续深化创新创业平台建设。青峰人才政策2.0版不断深化，持续推进青鼎（全球高端人才）、青硅（创新创业人才）、青云（新兴产业人才）、青能（专业技能人才）、青巢（公共服务人才）、青麟（紧缺急需人才）六大人才发展工程。积极推动"以赛引才"和"以赛聚才"，第四届"海聚英才"全球创新创业大赛示范区分赛区落地青浦，进一步吸引和集聚高层次创业人才。不断推进长三角（青浦）国际人才港建设，促进人力资源产业集聚发展；加快建设长三角（青浦）数字人力资源服务基地项目，已入驻人力资源机构43家。扎实推进上海青浦（长三角）留学人员创业园项目、人才集聚。

四是持续改善人才发展环境。积极开发"人才政策计算器"功能和人才政策受理掌上平台，不断加快人才服务数字化进程。加快建设青年人才、科学家人才、国际人才、乡村人才等四大人才社区，不断强化人才安居支持力度。

五是有序推进联动创新区建设。在全市率先探索商务区联动创新区建设，支持华新镇、赵巷镇先行试点建设商务区联动创新区，在区级权限范围内率先将华新、赵巷纳入青浦片区的政策支持范围，不断放大商务区溢出效应。

第四节　嘉定片区

2024年，嘉定片区不断增强勇担国家战略的使命感，全面贯彻落实商务区发展目标和嘉定区委、区政府决策部署，立足"开放北虹桥、创新领航地"发展定位，以高质量发展为首要任务，坚持稳中有进、全程发力，不断强化创新动能集聚、做实重大项目牵引、狠抓招商引资推动，加快推进"一区、一城、一湾"三大标杆性项目建设，不断发挥北虹桥"战略引擎"牵引作用。不断加强规划引领、推动产业升级、加速项目建设、优化营商环境、提升城市品质，推进各项政策措施不断深化落实，全力推动嘉定片区建设。

一、产业动能实现持续增强

嘉定片区明确了以创新经济、总部经济为特色，培育数字新经济、生命新科技、低碳新能源、汽车新势力产业链创新融合生态集群，全力打造国际创新产业集聚区。按照区委、区政府提出的"四个一批"产业项目要求和计划，通过优质项目导入，有序推进现有低效劣势企业改扩建工作，持续增强现有产业发展动能，实现最大化税收收益。

聚焦高端产业发力。加强产业科创浓度，充分发挥"大科创"承载地辐射效应，着力吸引一批具有创新活力的领军企业入驻北虹桥区域。打造东锦"侨帮侨"特色创新创业基地，推动"北虹之云"市级孵化器能级提升，创新主体不断壮大，截至12月，已吸引122家科技型企业入驻北虹桥，发掘培育1个校

图7-9　北虹桥创新领航地地标

地、院地合作项目，拥有国家级专精特新"小巨人"企业5家，市级专精特新企业47家，高新技术企业165家。

加速优质项目落地。嘉定片区积极开展宣传推介和招商引资，吸引一大批优质企业落户北虹桥，其中，重塑、凯笛芯项目加快推进项目开工，重塑能源实现港股上市，区域内上市企业数量增至9家；江苏国泰、康德莱耗材等10个研发总部项目施工按期推进；鼎捷软件、南亚新材、富吉医疗等多个拟拿地项目正在积极推进。一大批优质项目的落地蓄势北虹桥高质量发展。

加快推进存量改造。加快新旧动能转换速率。通过优质项目导入，存量资源有效盘活，有力推进现有低效劣势企业改扩建项目，做大税收增量。有序推进存量"四个一批"改造项目，9个存量"四个一批"改扩建项目全面提速，江嘉大华、大华电器、封农工贸已竣工；艺杏食品二期已完成主体结构封顶；万峰工贸、北虹桥建设厂房改造项目和光导工贸等项目有序推进。进一步促进总部增能。衔接落实商务区总部"虹聚"计划，建立完善支持总部企业"走出去"政策服务体系，发挥好专项发展资金引导带动作用，推动总部集聚增能，推动华住、连成、南方航空、新东锦、江苏国泰等一批行业领军企业加速发展，进一步促进总部集聚与能级提升。

二、城市建设实现有序推进

对标嘉定片区新的功能定位，进一步优化北虹桥空间结构，着力打造产业、生态、民生协调发展的宜居宜业城市。

扎实推进保障住房建设。江桥镇06-01地块，江桥镇10-01、21-01地块，江桥镇唐家巷M3-01A地块已竣工交付；续建江桥镇金虹社区23-02、23-06地块及04-10地块正在按建设节点施工中。根据北虹桥地区实际，采取非居住存量房屋改建途径，推进V领地青年公寓项目建设并于2024年5月底投入使用，截至年底，入住率已超60%，满足青年多元化安居宜居需求，为北虹桥地区提供更多优质保障性租赁房源。

扎实推进综合交通建设。持续提升综合运输保障能力，嘉闵线建设有序推进，北虹桥区域内金运路站、金园五路站两个站点已完成主体结构的60%，预计2027年通车。区区对接道路金运路-申昆路嘉定段桥梁下部结构全部完成，肃北路、陇南路、金园一路等重点道路施工有序推进。

扎实强化公共配套设施。美丽江桥一期11个小区已开工，将明显改善区域内居民居住环境；厚朴堂中医基地改造项目投入使用；南山"我嘉·邻里中心"等项目已进入后期装饰阶段，预计到"十四五"期末，金鹤、海波路、龙湖、南山四个邻里中心均建成投入使用，将大大丰富北虹桥区域居民生活。

扎实推进绿色生态打造。持续提升绿色生态水平，九曲港、东小泾、幸福村新开河3条河道形象提升持续推进；以外环绿带、近郊绿环、吴淞江生态间隔带为基本生态骨架，围绕吴淞江沿岸品质提升开展调研、征询设计方案。积极推进丽江公园、嘉海公园、虞乐家园三个口袋公园和蝶语园等项目陆续开工建设，打造优美宜居生态环境，丽江公园、蝶语园已对外开放。

扎实推进城市管理精细化。根据相关要求，完成市政基础设施排摸工作；对标市级城市运行"智慧大脑"平台要求，完成场景设定和重点区域现场监控情况查勘，启动视频接入工作。

三、招商引资实现精准引流

强化产业引领。依托区域内龙头企业，聚力打造数字新经济、生命新科技、低碳新能源等产业链融合生态集群。在数字经济方面，助力以仪菲、华住、凯笛芯等为代表的一批数字新经济企业发展，打造在线新经济平台，紧跟产业变革新潮流，构筑数字经济新引擎。在生命科技方面，发挥虹桥国际创新医疗器械产业园引领作用，进一步加强与市生药中心团队深度合作，助力北虹桥生物医药产业链发展。在低碳新能源经济方面，加强"新能源+新材料"产业联动，依托重塑能源、惠柏新材料、蓝科环保等一批低碳新能源企业，激活低碳转型新动能，塑造绿色能源新优势。在招商工作中，聚焦重点产业，强化产业引领，进一步明确区域内三家经济城重点产业标签，后续将按照"区域统筹、错位竞争、协同作战"的招商工作新格局，围绕各自产业重点，开展有效招商、精准招商。截至12月，新增数字经济、新能源、生物医药等产业相关企业359户，完成全年目标的119.6%。

注重科技策源。充分发挥科技创新在稳增长稳市场主体中的重要作用，持续加强科创成果跨区域转化应用，依托各类创新创业载体，为企业提供高新技术企业申报、专精特新申报、人才项目申报等产业孵化服务，打造北虹桥创新经济。截至12月，东锦"侨帮侨"累计孵化科技企业90家，累计培育高新技术企业10家；"北虹之云"科技孵化平台举办知识产权、人才活动等各类服务94次，举办各类主题活动27场次。

图7-10 在线新经济领跑数字出海创新论坛

拓展招商渠道。积极"走出去、引进来"开展招商引资，前往成都、深圳、合肥等地，对接住井科技等企业，拓展合作项目；聚焦重点产业赛道，举办"在线新经济领跑数字出海创新论坛""国际游戏商务大会"等高规格峰会和活动，扩大北虹桥招商网络；借助虹桥项目资源优势，在天津、宁波、重庆举办的虹桥企业家圆桌会议上开展招商推介，以商引商，对接更多优质企业项目。

深挖平台资源。借助虹桥国际贸易新平台若干举措发布契机，持续做强做优虹桥海外贸易中心北虹桥分平台，加强与贸易促进机构深度合作，形成新的业务增量；聚焦生命健康、数字经济、新能源等重点产业领域，发挥"虹桥国际创新医疗器械产业园"等链主企业资源优势，加速引育上下游企业，推动重点产业链发展，集聚一批优质企业，推动区域产业集聚发展。把握生产性互联网服务平台发展机遇，有力推进联东集团子集团联东工业项目落地北虹桥。

四、企业服务实现持续升温

落实优化营商环境举措，提升服务企业效能，实施重点企业"一企一专员"机制，做到一企一策，一对一服务，帮助企业解决实际问题诉求；结合商务区管委会关于专项签证便利工作安排，以总部型企业为主体，发动华住、康德莱等8家企业提供专项签证便利服务，积极促进对外经贸合作。

落细新一轮虹桥专项资金政策，针对支持政策，对北虹桥区域企业开展初步排摸，为新一轮专项资金申报奠定基础；启动贸易型总部认定申报工作，已向虹桥管委会推荐蔚来、澳康达、仪菲、槎南4个项目，其中，蔚来被认定为2024年度商务区贸易型总部企业。

五、重点区域建设实现加速推进

（一）上虹桥·城市更新区

"上虹桥·城市更新区"项目是嘉定区政府与上海地产集团政企合作开发的城市更新项目。该项目遵循"以人为本、产城融合、多元包容、活力共享"的理念，对约166.68万平方米土地进行规划调整、整体提升、功能再造，着力打造"产城融合示范区、三生融合体验区、政企合作样板区"，为商务区打开了未来产业发展和功能提升的重要发展空间。2024年以来，"上虹桥·城市更新区"加速推进，着力推进首发地块项目建设进度。

截至12月底，幸福片区首发研发地块取得积极进展，已有苏州建研院上海总部在内的6家企业完成准入，其中，华瑞集团、聚升集团、苏建院3个项目已完成拿地手续；封浜片区02-02首发住宅地块已开工建设，并开盘预售；配套项目方面，首批7个道路项目已取得施工许可，其中3条道路开工建设；幸福水岸公园有序推进，绿野谷等项目已开工建设；人才公寓5幅地块已申报嘉定区2025年土地储备计划。

（二）临港嘉定科技城

临港嘉定科技城持续推进，项目建设方面，首发"北虹之云"项目已完成综合验收；首发项目配套三路三桥工程已竣工，正在验收；金宝园区存量转型项目有序推进中，园区管理工作持续加强；招商和企业服务方面，临港嘉定科技城不断加强招商引资力度，规范招商资源信息录入，确保数据填报的及时、准确、完整，实现资源共享共用。2024年全年新增企业132家；北虹之云科创孵化器作为推动科技创新与企业发展的重要平台，年内成功引进60家企业入驻，保时捷研发中心等高能级项目正在积极对接洽谈。

图7-11　嘉定科技城

（三）虹桥新慧总部湾

虹桥新慧总部湾占地约18.67万平方米，分3期开发，共23个地块，已完成15个地块出让，蓝科、雅运、恒远、瀚讯、天瑞金等5个产业项目已竣工投产，易谷、致达、惠柏、澳海、华庄模具、凯利、福隆、仪菲、凯笛芯等多个产业项目正加紧施工，全力推进。

园区以"绿色开放、生态和谐、创智创新、名企林立"为目标，吸引数字贸易、医疗健康、环保科技等行业龙头、总部企业，打造"五型经济"总部集聚新标杆。

园区秉承"统一规划、统一建设、统一管理、统一运营"的建设理念，成立了园区管理公司，进一步加强对空置物业招商租赁的统筹和管控，加快在建和已拿地项目建设推进进度，园区整体能级得到有效提升。

园区公共服务功能不断完善，道路等配套基础设施基本完成，部分餐饮等服务配套也开始运营，园区整体形象和功能日益显现。

2024

上海虹桥国际中央商务区大事记

2月23日 中共上海市委决定钟晓咏同志任中共上海虹桥国际中央商务区管理委员会党组书记。2月29日，上海市人民政府任命钟晓咏同志为上海虹桥国际中央商务区管理委员会常务副主任。

3月1日 虹桥国际开放枢纽2024年工作现场会在国家会展中心（上海）举行。上海市委书记陈吉宁出席会议并指出，要深入学习贯彻习近平总书记在深入推进长三角一体化发展座谈会上的重要讲话精神，按照中央部署要求，三省一市各展所长、协同发力，携手把虹桥国际开放枢纽打造成为改革创新的前沿阵地、链接全球的重要门户、价值创造的协同典范，更好引领长三角一体化发展，更好服务构建新发展格局。国家发展改革委党组成员郭兰峰出席会议并讲话。上海市委常委、副市长华源主持会议并通报虹桥国际开放枢纽建设三周年工作情况。江苏省委常委、苏州市委书记刘小涛出席会议并作交流发言。江苏省委常委、常务副省长马欣，浙江省委常委、常务副省长徐文光，安徽省委常委、常务副省长费高云出席会议并分别讲话。

3月2日 上海市政府新闻办举行新闻发布会。会上，市委常委、副市长华源介绍《虹桥国际开放枢纽建设总体方案》获批三周年以来虹桥国际中央商务区建设成果有关情况。虹桥国际中央商务区管委会党组书记、常务副主任钟晓咏，市发展改革委副主任陈石燕，闵行区区长陈华文，长宁区区长侯继军，青浦区区长杨小菁，嘉定区区长高香共同出席新闻发布会，并回答记者提问。

3月20日 上海市人大常委会主任黄莉新率队赴虹桥国际中央商务区调研，强调要深入学习贯彻习近平总书记考察上海重要讲话和在深入推进长三角一体化发展座谈会上的重要讲话精神，积极发挥人大职能作用，为虹桥国际中央商务区在更高起点上深化高水平对外开放、推动高质量发展提供有力法治保障。

3月29日 虹桥国际中央商务区管委会召开2024年度重点工作部署推进会。商务区管委会党组书记、常务副主任钟晓咏出席会议并指出，要对2024年工作形势和要求再认识再把握，聚焦重点更好更快推动商务区开发建设上新台阶，全面提升推进商务区高质量开发建设能力和水平，推进虹桥国际开放枢纽、虹桥国际中央商务区建设不断迈上新的台阶。商务区管委会党组成员、副主任付乃恂，党组成员、副主任张斌，党组成员、副主任胡志宏出席会议并讲话，副主任李康弘出席。

4月11日 虹桥国际中央商务区管委会召开2024年经济工作调度会。会议通报了商务区一季度经济运行基本情况，闵行区、长宁区、青浦区、嘉定区分别围绕各自片区经济运行情况作交流发言。商务区管委会党组书记、常务副主任钟晓咏出席会议并指出，商务区经济工作要按照市委市政府稳增长工作要求，紧盯发展目标，抓牢短板弱项，深入剖析原因，强化工作举措，努力完成全年目标任务。商务区管委会党组成员、副主任张斌，青浦区委常委、副区长金俊峰，嘉定区委常委、副区长朱效洁，长宁区副区长廖光洪等出席会议。

4月16日 上海市推进虹桥国际开放枢纽建设2024年工作会议在商务区召开。会议审议并原则通过了《上海市推进虹桥国际开放枢纽建设2024年重点工作安排》，要求要凝聚各方合力，进一步提升虹桥国际开放枢纽辐射能级，全力推动年度工作落地见效。市委常委、副市长华源，市人大常委会副主任陈靖，市政府副秘书长赵祝平，市政府副秘书长、市发展改革委主任顾军出席会议。58家相关单位参加会议，其中，市科委、市市场监管局、市司法局、虹桥国际中央商务区管委会、闵行区、嘉定区作交流发言，长宁区、青浦区、松江区、金山区作书面交流。

5月13日 上海市知识产权局与虹桥国际中央商务区管委会在商务区举办战略合作协议签约仪式。市知识产权局党组书记、局长芮文彪，商务区管委会党组书记、常务副主任钟晓咏出席仪式作致辞，并为海外知识产权纠纷应对指导上海分中心虹桥国际中央商务区海外维权援助基地揭牌。市知识产权局党组成员、副局长余晨，商务区管委会党组成员、副主任付乃恂代表双方签订合作协议。

6月22日（当地时间） "投资上海·共享未来"海外行系列活动南非站在约翰内斯堡成功举办。上海市人民政府副秘书长赵祝平作主旨推介，虹桥国际中央商务区管委会副主任胡志宏作专题推介。活动旨在通过走进当地、宣传上海，向全球展示上海机遇、上海潜力和上海魅力，发出上海坚定不移扩大开放、欢迎全球企业和人才来沪发展的热烈邀请。

7月3日 虹桥国际中央商务区管委会召开庆祝中国共产党成立103周年座谈会，并举行"光荣在党50年"纪念章颁发仪式。会上向商务区管委会原党组书记、常务副主任薛全荣颁发了"光荣在党50年"纪念章。商务区管委会党组书记、常务副主任钟晓咏,党组成员、副主任付乃恂,党组成员、副主任张斌,党组成员、副主任胡志宏,退休老党员以及在职党员干部代表参加会议,并座谈交流工作感悟。

7月17日 虹桥国际中央商务区管委会与华东建筑集团股份有限公司在商务区举办战略合作协议签约仪式。商务区管委会党组书记、常务副主任钟晓咏,华建集团党委书记、董事长顾伟华出席仪式并致辞。商务区管委会党组成员、副主任胡志宏,华建集团副总裁周静瑜代表双方签订战略合作协议。

7月23日 虹桥国际中央商务区管委会召开2024年半年度工作会议。会议以党的二十届三中全会精神为指引,围绕新的发展形势,全面总结上半年工作情况,研究部署下半年重点工作,推动全年目标任务落地落实。商务区管委会党组书记、常务副主任钟晓咏主持会议并讲话,强调要坚定不移用全会精神统一思想、统一意志、统一行动,把大虹桥承载的国家战略任务与进一步全面深化改革的战略部署紧密结合,积极发挥重点区域改革开放排头兵、创新发展先行者作用,服务大局、主动担当,在高质量发展上展现更大作为,为"五个中心"建设作出更大贡献。商务区管委会党组成员、副主任付乃恂,党组成员、副主任张斌,党组成员、副主任胡志宏出席会议并讲话,副主任李康弘、地产集团副总裁范润生出席会议,闵行、长宁、青浦、嘉定四片区以及地产虹桥公司等单位相关负责人参加会议。

7月30日 "潮涌浦江·投资虹桥"活动暨2024虹桥国际中央商务区投资促进大会在国家会展中心(上海)举办。商务区管委会党组书记、常务副主任钟晓咏出席会议作商务区发展情况推介,并为长三角"一带一路"高质量发展促进会入驻颁发钥匙。青浦区委常委、副区长金俊峰出席会议并作重点产业化项目专题推介。市政府副秘书长刘平出席会议并为"虹桥海外发展服务中心"揭牌。会上,还推出了商务区支持打造企业"走出去"服务高地政策清单,成立以毕马威、香港贸发局、渣打银行、上海外服等67家机构为核心的"走出去"专业服务机构联盟,签约新能源、生命健康、航空服务、信息服务等领域的8个重点项目,并与中国进出口银行等9家金融机构建立新一轮合作机制。市委金融办副主任葛平,市发展改革委副主任陈彦峰,市商务委总经济师罗志松,市经济信息化委二级巡视员张成金,商务区管委会党组成员、副主任付乃恂,长宁区委常委、副区长陆浩,嘉定区委常委、副区长陆祖芳,闵行区副区长谭瑞琮,市贸促会副会长杨东升,以及地产集团、东浩兰生、中国信保、交通银行、浦发银行等单位负责人分别参加上述活动。

9月2日(当地时间) 虹桥国际中央商务区管委会在德国慕尼黑举办"共享虹桥

机遇——德国投资推介会"。商务区管委会党组书记、常务副主任钟晓咏出席推介会并作商务区整体情况推介。中国驻慕尼黑总领事馆领事、商务参赞郭方，长宁区委副书记刘平出席推介会并致辞。推介会上，虹桥海外服务中心（德国）正式揭牌，标志着虹桥支持长三角企业"走出去"的海外服务网络不断拓展，国际服务功能不断增强。

9月20日 以"人才引领 联动共融——国际化创新与长三角协同"为主题的"2024长三角人才发展论坛暨虹桥人才创新发展大会"在上海国际会议中心举行。会上，长三角城市代表发布共建长三角区域人才服务共同体倡议，发起成立"长三角人才服务联盟"，组织长三角留学人员创业园合作签约。上海市委常委、组织部部长、市委人才办主任张为出席会议作致辞，并为虹桥国际人才服务中心揭牌。教育部留学服务中心党委书记、主任王大泉，上海市委组织部副部长、市人才工作局局长潘晓岗共同签订留学归国人才合作战略协议，并为"春晖杯"留学人员创新创业基地（上海）揭牌，基地落户上海青浦（长三角）留创园。虹桥国际中央商务区管委会党组书记、常务副主任钟晓咏，市公安局党委委员、副局长谢庆灿出席会议，并正式启用上海市公安局海外人才直联平台（虹桥）。商务区管委会党组成员、副主任胡志宏出席会议并发布关于支持人才创新发展的若干政策措施。江苏省委组织部副部长李孝峰，安徽省委组织部副部长、省委人才工作局局长蒋曦，山东省委组织部副部长、人才工作领导小组办常务副主任龚文东，中组部人才工作局原巡视员、副局长李志刚，浙江清华长三角研究院党委书记、院长黄开胜，沪、苏、浙、皖相关人才工作部门和上海市发改委、市科委、市人社局、市外事办等单位，以及相关专家学者、知名企业代表共300余人参与会议。

11月5日 "聚能虹桥"新能源企业出海主题闭门会在商务区举办。会议围绕企业出海这一热门话题，探讨当前形势下新能源企业出海应如何抓住机遇、应对挑战。商务区管委会党组书记、常务副主任钟晓咏出席会议并致欢迎辞，表示希望与会嘉宾借此汲取百家智慧，拓展商业网络，提升全球化的发展能力和水平。市商务委总经济师罗志松，闵行区副区长谭瑞琮出席会议并讲话。商务区管委会党组成员、副主任张斌与联想控股副总裁李璟代表双方签约达成战略合作协议。北京大学国家发展研究院教授邓子梁，毕马威中国副主席、客户与业务发展主管合伙人江立勤，邓白氏中国区副总裁薛文分别作交流发言。会上还举行了中国信保2024版《国家风险分析报告》长三角地区首发仪式。闭门会共吸引近90位嘉宾参加，其中包括晶科电力、国轩高科、蔚来汽车等30多家新能源产业链企业海外业务负责人。

11月6日 第七届虹桥国际经济论坛"虹桥国际开放枢纽建设分论坛暨2024虹桥HUB大会"在国家会展中心（上海）举办。大会牢牢把握"发展新质生产力是推动高质量发展的内在要求和重要着力点"，以"加快提升虹桥国际开放枢纽辐射能级 全面培育发展新质生产力"为主题，以"活力聚枢纽 变革育新力"为主线，邀请国内外顶尖专家学者、业界代表参加会议并分享真知灼见。上海市市长龚正出席会议并致辞，强调虹桥国际开放枢纽这座联通世界的"彩虹桥"，正在加速成为活跃增长极的新引擎。我们将按照习近平主席的明确要求和中央的决策部署，加快把虹桥国际开放枢纽打造成为改革创新的前沿阵地、链接全球的重要门户、价值创造的协同典范，努力在发展新质生产力上勇争先、走在前，持续提升创新能力、增强开放引力、激发产业活力，更好引领长三角一体化发展，更好服务构建新发展格局。会议由市委常委、副市长华源主持。商务部部长助理唐文弘出席会议并致辞。中国社会科学院教授、国务院原副秘书长江小涓，中国国际经济交流中心副理事长王一鸣，牛津大学网络学院互联网治理与监管专业教授维克托·迈尔·舍恩伯格分别作主旨演讲。复旦大学副校长、教育部长江学者特聘教授姜育刚，德勤亚太可持续发展主管合伙人威尔·西蒙斯，江森自控亚太区总裁朗智文，以及上海科学智能研究院首席战略官、复旦大学经济学教授杨燕青，上海长三角技术创新研究院副院长古元冬，上海浦东发展银行副行长康杰等作主旨交流发言。

11月6日 "低空经济新篇章虹桥枢纽新动能"——长三角联动低空经济研讨会在商务区举办。第十四届全国政协常委、上海公共外交协会会长周汉民出席会议作致辞。上海市人民政府副秘书长庄木弟出席会议，并与虹桥国际中央商务区管委会党组书记、常务副主任钟晓咏，民航华东管理局局长万向东，民航华东空管局局长余波，上海市经济信息化委副主任戎之勤，苏州市委常委、常务副市长顾海东，嘉兴市委常委、常务副市长颜海荣，芜湖市委常委、副市长杨正，上海机场（集团）有限公司副总裁宋雪枫等共同发布虹桥国际开放枢纽城际低空试验航线。会上还组织了虹桥国际开放枢纽低空经济协同共建签约，低空经济产业园揭牌，重点项目落地，低空经济产业推介和政策发布等活动。长宁区委书记张伟，青浦区委副书记、代理区长金晓明，商务区管委会党组成员、副主任张斌，青浦区委常委、副区长金俊峰，长宁区副区长赵永尊，中国航天电子技术研究院副院长闫俊武，航天九院低空科技有限公司董事长王捷敏等参加上述活动。中国工程院院士吴光辉，世界无人机大会主席杨金才，民航华东管理局原局长、中国商用飞机有限责任公司高级顾问蒋怀宇，南京航空航天大学博士生导师张越梅等四位行业专家作主题交流发言。市经信委、市发改委、市交通委、市公安局、市应急局、空军上海基地，以及低空协（学）会、高校、研究机构和低空领域的企业家代表等共有150余名嘉宾参加会议。

11月6日 "聚焦AI+助燃新质生产力"闭门会在商务区举办。会议围绕AI+助燃新质生产力这一热门话题，深入探讨人工智能的未来发展趋势、技术创新以及应对策略。商务区管委会党组书记、常务副主任钟晓咏，市经信委副主任张宏韬出席会议并致辞。市人工智能行业协会秘书长钟俊浩主持会议。中国国际经济交流中心副理事长王一鸣，长宁区副区长赵永尊出席会议。中国工程院院士邬江兴，中国工程院外籍院士张建伟，上海人工智能实验室教授、上海创智学院副院长乔宇分别作主题演讲。闭门会共吸引近80位嘉宾参加会议，其中包括中央广播电视总台上海总站、国家地方共建人形机器人创新中心、商汤科技等50多家人工智能领域企事业单位负责人。

12月13日 中共上海市委决定免去钟晓咏同志中共上海虹桥国际中央商务区管理委员会党组书记职务。12月26日，市政府决定免去钟晓咏同志上海虹桥国际中央商务区管理委员会常务副主任职务。

12月18日 上海市政府任命杨旭波同志为上海虹桥国际中央商务区管理委员会副主任。12月25日，中共上海市委同意杨旭波同志任中共上海虹桥国际中央商务区管理委员会党组成员。

《2024上海虹桥国际中央商务区发展报告》

英译（节选）

Chapter I Steady Economic Growth

Section One Economic Performance

2024 is a crucial year for achieving the objectives and tasks laid down in the 14th Five-Year Plan. Faced with the complex and severe situation of increasing external pressure and increasing internal difficulties, the Party Central Committee with Comrade Xi Jinping as the core united and led the whole Party and people of all ethnic groups across the country to respond calmly and adopt comprehensive measures. The overall economic operation was stable and steady, and the main goals and tasks of economic and social development were successfully completed. All regions and departments adhered to the general tone of work of seeking progress while maintaining stability, fully implemented the new development concept, solidly promoted high-quality development, increased macro-control efforts, effectively responded to risks and challenges, and continuously consolidated the foundation for the sustained recovery of the economy, gradually improved market expectations, and continuously enhanced development vitality.

In July 2024, the Third Plenary Session of the 20th CPC Central Committee scientifically planned the overall deployment of further deepening reform around Chinese-style modernization, providing a fundamental guideline for continuing to push forward reform on the new journey. The resolution of the Fifth Plenary Session of the 12th Municipal Party Committee proposed a clear roadmap and timetable for Shanghai to implement the spirit of the Third Plenary Session, further deepen reform in an all-round way, and give full play to the leading and demonstration role in promoting Chinese-style modernization. The Sixth Plenary Session of the 12th Municipal Party Committee pointed out that Shanghai has the advantages of leading, reform and opening up, science and technology and talents, and governance modernization. Faced with the complex internal and external environment, the advantages of super-large-scale market, complete supply chain supporting advantages, and efficient technological innovation diffusion advantages have not decreased but increased. The strategic significance of Shanghai's "five centers" construction has been further highlighted, and the trend of trade structure adjustment, industrial transformation and upgrading, and digitalization, intelligence, and greening have brought new opportunities. As the core area of the international open hub that carries the national strategy, the business district deeply studies and implements the important speech of General Secretary Xi Jinping's inspection of Shanghai and the spirit of the Third Plenary Session of the 20th Central Committee of the Communist Party of China, as well as the deployment of the Third, Fourth, Fifth, and Sixth Plenary Sessions of the 12th Municipal Party Committee. In accordance with the annual work requirements of the municipal government, it focuses on further enhancing the level of Hongqiao International Open Hub, implements national strategies, adheres to the general tone of seeking progress while maintaining stability, and implements reforms with the spirit of nailing nails, fully promotes the completion of annual work tasks, promotes the economic and social development of the business district, and continuously consolidates and amplifies the advantages of multiple national strategies combined with empowerment.

Section Two Investment Attraction

In 2024, the business district will further implement the spirit of the Shanghai Investment Promotion Enterprise Service Promotion Deployment Meeting, innovate investment promotion service concepts, standardize investment promotion behavior, continuously form a joint force in investment promotion work, continuously deepen "Going Global" investment promotion, and fully demonstrate the achievements of high-quality investment promotion and development in the business district.

1. Standardize the investment attraction mechanism

In 2024, the business district will focus on promoting the integrated construction of investment promotion services, and issue the "Implementation Plan for High-quality Promotion of Investment Promotion and Service Integration in Hongqiao International Central Business District", creating a "1+4+4" work system with the business district management committee as the core function to strengthen overall coordination and the subordinate regions as the responsible body to strengthen on-site services. Focusing on the four business axes of international trade promotion, core industry development, international business environment, and key platform guarantee, the four administrative districts will be linked to form a work model covering the entire life cycle of service enterprises, continuously improve the standardization and effectiveness of integrated investment promotion services, and further form a joint force for investment promotion in the business district. Focus on key areas to fully promote the industrial chain and the four core functional positioning, continue to increase the frequency of "Going Global" and "bringing in" investment promotion, and give full play to the advantages of Greater Hongqiao's innovation core element hub, the advantages of the concentration of scientific and technological enterprises, and the advantages of the industrial development characteristics of each area, accelerate the cultivation and attraction of high-level headquarters enterprises and leading enterprises in new tracks, and promote the high-quality development of the business district to a new level.

II．"Going Global" to attract major investment

The business district has brought together the investment promotion services of the four districts, focusing on the industrial positioning and core functions of the business district to attract large and strong companies. It has successively carried out investment promotion and visits and surveys in countries and regions such as Changzhou, Hong Kong, Singapore, Tianjin, Suzhou, Hefei, Shenzhen, Ningbo, Beijing, South Africa, France, Japan, Germany, and Chongqing. It has held a total of 19 domestic and overseas investment promotion activities such as entrepreneur roundtables, attracting nearly 400 companies to exchange ideas, constantly accelerating and expanding its circle of friends.

III．A series of high-level investment promotion activities

Organize a special investment promotion event titled "Tidal Surge in Pujiang, Investing in Hongqiao".

On July 30, the "Tide of Pujiang River · Investment in Hongqiao" event and the "2024 Hongqiao International Central Business District Investment Promotion Conference" were held at the National Exhibition and Convention Center (Shanghai). The conference aims to further promote the development brand of "Investment in Hongqiao", with the business district making theme promotion and Qingpu district making special promotion of industrialization projects. The four districts of Minhang, Changning, Qingpu and Jiading signed 8 key projects focusing on new energy, life and health, aviation services, information services and other fields. Nine financial institutions including the Export-Import Bank of China, Sinosure, Industrial and Commercial Bank of Chin a, Bank of China, Construction Bank, Bank of Communications, Shanghai Pudong Development Bank, Shanghai Guotou and Haitong Securities signed a new round of cooperation mechanism, providing a special credit line of 400 billion yuan around enterprises going overseas, Silk Road e-commerce and key industries, and focusing on empowering enterprises in the business district to go overseas.

Chapter I Steady Economic Growth

Section Two Investment Attraction

IV. Invest in Hongqiao's brand effect

(1) Accelerate the integration of professional service functions of "Going Global"

Hongqiao Overseas Development Service Center strengthened cooperation with all parties and expanded its service network. First, it cooperated with Sinosure to hold the "2024 High-quality Joint Construction of the Belt and Road Policy Presentation" on August 6, providing high-quality financial services for enterprises' "Going Global" projects, and more than 100 enterprises attended the meeting. Second, it cooperated with the London Development Agency to hold the "Life Science London Opportunities" Oversea s Forum on September 22.

(2) International cooperation and investment promotion continued to strengthen

Leveraging the resources and network of the Singapore Chinese Chamber of Commerce & Industry, the Singapore Enterprise Centre uses the "Greater Hongqiao" platform to connect Singaporean and Chinese enterprises for cooperation, jointly develop third-party markets, and assist Chinese enterprises in their international development. The Shanghai Representative Office of the New Zealand China International Trade Committee convened a meeting immediately after the conference to report on the event and will organize a business matchmaking event for some enterprise representatives in October to promote international exchange and cooperation. The Netherlands Chinese Economic and Technological Development Center is assisting domestic enterprises in establishing a presence in the Netherlands, helping enterprises with "Going Global" needs to establish connections with embassies and consulates in China. The Swiss Center, in cooperation with relevant departments in Shanghai, is jointly organizing a series of investment promotion theme activities in Switzerland to provide services and support to domestic enterprises interested in expanding their business in Switzerland.

Section Three　Major Projects

Ⅰ. Master Plan

In accordance with the "Regulations of Shanghai Municipality on Promoting the Development of the Hongqiao International Central Business District" and the "Several Opinions on Further Optimizing and Improving the Management System and Mechanism of the Hongqiao International Central Business District," in order to coordinate the development and construction plan of the business district and manage the construction sequence, the Management Committee, together with the governments of the four districts, Real Estate Group, and Airport Group, will jointly prepare the implementation plan for land reserve, land transfer, key government investment projects, and major social investment projects in the business district for the year 2024.

Ⅱ. Key Projects

(1) Innovent Biologics Global R&D Center Project

The Innovent Biologics Global R&D Center project is located in the Hongqiao Qianwan area and is an important component of Shanghai's "1+5+X" biopharmaceutical industry layout and Minhang District's billion-dollar biopharmaceutical industry cluster. It has been successively recognized as a major industrial project in Shanghai, a major foreign project in Shanghai, and a major engineering project in Shanghai.

(2) Lingang Jiading Science and Technology City (Phase I) Project

The Lingang Jiading Science and Technology City (Phase I) project is located in the North Hongqiao area, the core area of the Hongqiao International Open Hub. As a key area of Shanghai's "3+5+X" and an overall transformation park project of the "X" sector, it is also the first project of "district-district cooperation and brand linkage" between Lingang Group and Jiading District. The project is designed and constructed in accordance with the concept of "production verticalization and integration of industry and research", focusing on the three major industrial fields of life and health, intelligent manufacturing, and online new economy around the theme of "Life·Technology", actively promoting the cross-integration ecology of factories and buildings, exploring new directions for breaking the problem of advanced manufacturing cluster development, and vigorously promoting the "vertical growth" of the urban industrial economy.

(3) Longlian Road Bridge over Xiaolai Port

From 2021 to 2022, roads such as Hualai Road, Longlian East Road, and Xinghong West Road in Minhang District were successively completed. Longlian Road in Qin gpu District on the west side has also been completed. The obstruction of the uncompl eted Xiaolaigang Bridge has brought great inconvenience to the travel of surrounding residents. In order to facilitate the travel of residents in the two districts, after consultation between Minhang and Qingpu districts, the construction of the Longlian Road across Xiaolaigang Bridge was led by the Minhang District Transportation Commission. The new construction project of Longlian Road across Xiaolaigang Bridge runs in an east-west direction, starting from the east side of the planned Xiaolaigang Bridge in Minhang District (connecting smoothly with the completed Longlian East Road) and ending at Laigang Road in Qingpu District (connecting smoothly with the completed Longlian Road), with a total length of approximately 178 meters. It is a two-way, four-lane road with 2 express lanes and 2 slow lanes, and a design speed of 30 kilometers per hour.

Section Four Industrial Ecology

The business district, combined with its own economic development characteristics, is committed to cultivating new quality productive forces. By introducing special support policies, it promotes the rapid layout and implementation of high-level projects, and continuously improves the concentration, visibility, and competitiveness of advantageous industries. At the same time, it further deepens industrial chain cooperation, encourages carrier resources to focus on major science and technology innovation functions, creates a number of characteristic industrial parks with high concentration and high visibility, creates an atmosphere of innovation and entrepreneurship, and cultivates a group of incubators with new business models, flexible operating mechanisms, high resource concentration, and strong national influence. At present, a good trend of accelerated agglomeration and development of emerging industries has been formed.

Ⅰ. Cultivating and Constructing Key Industrial Clusters

Firstly, accelerate the construction of themed industrial parks. Following the development concept of "upstream and downstream being neighbors, and industrial parks being industrial chains," the business district focuses on key industries such as the low-altitude economy, artificial intelligence, and biomedicine. It gives full play to the role of leading enterprises and key industry figures to promote the construction of key projects such as the Hongqiao Low-Altitude Economy Industrial Park (Changning Park, Qingpu Park, Minhang Park) and the East Hongqiao Intelligent Robot Industrial Park, and has attracted a number of key enterprises such as the Ninth Academy of Aerospace Science and Technology, Geek Air Ground, CAS Cloud, and Zhongjian Zhike Intelligence. Actively promote the implementation of projects such as Weigao International Medical Device Industrial Park, Baidu Intelligent Cloud Qianfan Large Model (Minhang District) Innovation Center, Quality Inspection Technology Service Agglomeration Area, and Advertising Characteristic Industrial

Park. Taking characteristic industrial parks as the center, give full play to Hongqiao's location advantages and policy advantages, form a cluster effect in the process of investment promotion, continuously expand the industrial scale, and cultivate and build aviation + low-altitude, biomedicine, digital intelligence and other 100 billion-level industrial clusters.

Second, promote the accelerated landing and construction of key industrial projects and platforms. Focusing on key industrial directions such as biomedicine and the digital economy, 14 projects in the Nan Hongqiao Qianwan area are accelerating construction. Among them, the Innovent Biologics Global R&D Center has been occupied in batches, some buildings of Weigao have been successfully completed in phases, Yunnan Baiyao, Huafeng, and Zoran have achieved structural capping, and Saiyi and Xinyiteng projects have commenced construction. Donghongqiao has established the Changning District Biopharmaceutical Registration Guidance Service Station and the Cosmetic Registration and Filing Advisory Service Station at Life Yuan Mountain, marking the first integration of the "two stations," which significantly shortens the enterprise filing process. The Shanghai headquarters base of Midea Group in Xihongqiao is set to be completed by the end of 2024. In Beihongqiao, five industrial projects including Lanke and Yayun have been completed and put into operation, with industrial access granted for five headquarters projects such as Jusheng and Huarui Fashion, and land transfer completed for two projects. This has propelled the construction of 10 R&D headquarters projects, including Jiangsu Guotai and Kangdelai Consumables. With the acceleration of the construction of key industrial projects and industrial function platforms, the industrial clustering efficiency and external radiation capacity are rapidly upgrading.

II . Laying out a New Track for the Low-Altitude Economy

The business district fully leverages the policy advantages of multiple national strategies superimposed in the Hongqiao International Open Hub, the hinterland advantages brought by the two-way fan-shaped endowment, and the traffic advantages generated by the comprehensive transportation hub. It anchors the new low-altitude economy track, plays a core leading role, creates a core carrying area for the low-altitude economy, and coordinates and links the north and south expansion belts to jointly promote the innovative development of the low-altitude economy, seize the new low-altitude track, and build a national benchmark and leading region for the development of the low- altitude economy.

III. Accelerating Regional Science and Technology Innovation Linkage

First, we will accelerate the promotion of digital transformation initiatives. In accordance with the unified deployment of the municipal government, the Management Committee of the Business District, together with the governments of Minhang, Changning, Qingpu, and Jiading districts, formulated the "Implementation Plan for the Hongqiao International Central Business District to Fully Create a Demonstration Hub for Productive Internet Service Platforms," which clarifies that by 2025, we will cultivate 1–3 leading productive Internet service platform enterprises with global influence, resource allocation capabilities, and innovation-driven forces; gather more than 10 high-growth enterprises with the ability to integrate industrial chains, supply chains, and value chains; cultivate a number of "small-scale, rapid, lightweight, and precise" digital system solutions and products; create a distinctive "platform + park" integrated development model; strive for the landing of 1–2 national and municipal-level platforms; and form a productive Internet service platform demonstration zone characterized by digital transformation demonstration and professional services, becoming a new highland connecting the Yangtze River Delta urban agglomeration, important cities along the "Belt and Road," and the Shanghai International Trade Center.

Second, accelerate the introduction of original sources of scientific and technological innovation. Promote the implementation of the spirit of the "Yangtze River Delt a National Key Laboratory" cooperation agreement. The business district actively connects with the Municipal Science and Technology Commission and the Municipal Development and Reform Commission. At the 2024 work conference of the Hongqiao International Open Hub, the National Key Laboratory of the Hongqiao International Open Hub completed basic research with enterprises.

Signed cooperation agreements for technological breakthroughs, promoting the introduction of key laboratory resources such as Midea's "Blue Orange Laboratory", the Key Laboratory of BeiDou Navigation and Location Services, and the Shanghai Institute of Microsystem and Information Technology of the Chinese Academy of Sciences. At the same time, organized four regional symposiums to investigate the layout of national key laboratories and engineering technology research centers in the business district, and conducted research and discussion on specific measures focusing on the introduction of high-level science and technology innovation entities, the construction mechanism of public laboratories and science and technology innovation open platforms in the busine ss district, etc.

Third, accelerate the construction of science and technology innovation platforms. Give full play to the CIIE's advantages in gathering global innovative products and technologies, actively introduce science and technology innovation platforms such as the Yangtze River Delta Science and Technology Innovation Service Center of the Shanghai Technology Exchange and the Yangtze River Delta Innovation Research Institute of China Unicom, encourage leading enterprises to establish open innovation platforms, and continuously enhance the regional science and technology innovation capabilities.

Ⅳ. Supporting the Vigorous Development of Industrial Parks in Each Area

By providing the highest quality carrier space, the most comprehensive industrial policies, and the most complete industrial ecosystem, we will promote each area to build a number of characteristic demonstration parks with significant industrial influence, high concentration, and strong visibility, and accelerate the formation of a clustering effect.

The Hongqiao International Online New Economy Ecological Park (core area) seizes new industrial tracks such as digital trade, industrial internet, and metaverse, as well as breakthroughs in cutting- edge digital technologies such as quantum information, it has gathered more than 700 digital new economy enterprises.

Minhang area, a sub-park of Greater Zhangjiang Hongqiao, has a total construction area of nearly 1.4 million square meters. It focuses on building an innovative economy, a digital economy, and a high-end service economy. It has introduced functional platforms such as the Hongqiao International Central Business District Enterprise Ser vice Center and the Shanghai International Technology Exchange Market, and has gathered nearly 50 high-tech enterprises such as ZKH, Jushi Technology, and Mira Vehicle Engineering.

Minhang area's Greater Hongqiao Life Science Innovation Center is accelerating the gathering of key enterprises, and the industrial ecosystem is becoming increasingly rich.

The Greater Hongqiao Life Science Innovation Center has gathered more than 1,100 life and health companies, with multiple functional carriers laid out in distributed clusters. The Innovation Center is focused on smart healthcare and computational life sciences, cultivating and strengthening the Changning health industry. The park has gathered globally renowned companies such as Danaher, Cyagen, Lanwei Medical, and Difu Le, creating smart healthcare industrial parks, medical headquarters parks, and other life and health Industrial Ecosystem.

Section Five   Consumption Aggregation

As an international-level consumption cluster area in western Shanghai, the business district has witnessed a steady increase in the total retail sales of consumer goods, making a significant commercial contribution and attracting a rapid gathering of domestic and international commercial brands. To provide a more friendly and comfortable shopping experience for travelers from all over the world and fully demonstrate the effectiveness of the international consumption cluster area, the business district has introduced relevant convenience measures and continuously promoted the quality upgrade, business format adjustment, and construction of consumer convenience facilities in large commercial complexes within the area. It has promoted the official opening of large commercial complexes such as Shanghai Livat, and carried out more than 40 key consumption activities such as the "Double Five Shopping Festival" to fully promote the Hongqiao shopping brand. It continues to leverage the role of distinctive commercial carriers such as Hongqiao Tiandi and Panlong Tiandi to promote the upgrading of the core area's business district and the agglomeration of the consumption industry, guiding the linkage of "commerce, tourism, culture, sports, and exhibition" with policies.

I. Facilitation Measures

In conjunction with major municipal festivals and events such as the "Shanghai Summer International Consumption Season" and the characteristics of hub commerce, we will collaborate with the Hongqiao Business Circle Alliance to optimize existing facilities such as luggage storage lockers, signage, and concierge desks, and release the "Eight Friendly Consumption Service Measures of Hongqiao International Central Business District" to provide consumers with a more international, standardized, and convenient business circle service environment.

II. Enhancement of Business District Level

Building a platform for cooperation and exchange within the business district's commercial area to achieve friendly co-construction of the commercial area. On May 16th, the business district, together with Minhang District and Xinhong Street, convened more than ten key commercial enterprises in the core area, such as Landsea Hongqiao, Airport Group, New Shangtie, and Hongqiao Tiandi, to establish the Hongqiao Commercial Area Alliance of the Shanghai West International-level Consumption Agglomeration Area. The commercial area alliance, with the working principle of "government set ting the stage, enterprises performing, co-construction, co-governance, sharing, and win-win", focuses on improving the commercial area's planning layout, business format model, consumption environment, and management mechanism, streamlining government-enterprise service channels, and promoting the exchange and aggregation of high-quality resources in the commercial area. At the same time, Hongqiao Tiandi was recommended as the representative of the business district's commercial area to join the Commercial Area Development Professional Committee of the Shanghai Business Federation as a deputy director unit, issuing the "Hongqiao voice".

The business district relies on the combined advantages of the China Internation al Import Expo and the Hongqiao transportation hub to enhance its function as a new consumption platform serving the Yangtze River Delta and connecting with the world. It emphasizes the green and digital characteristics of commerce and builds an extern al commercial gateway hub in the western wing of Shanghai. Focusing on the needs of hub passengers, it optimizes the linkage between the hub and the business district. During the Import Expo, the business district released the "Import Expo Consumption H5 Map," integrating 14 commercial, tourism, cultural, and sports carriers through a more interactive online platform.

III. Policy Support

Since 2023, the business district has conducted in-depth research on the latest relevant policies issued by cities such as Beijing, Shenzhen, Guangzhou, and Hangzhou, as well as other districts in Shanghai, drawing on their highlights. Based on extensive consultations with the Shanghai Municipal Commission of Commerce and the governments of Minhang,

Changning, Qingpu, and Jiading districts, as well as relevant enterprises, the "Support Policies for the Construction of an International-Level Consumption Cluster Area in the West Zone of the Hongqiao International Central Business District" have been formulated. The policies include support in nine aspects: supporting the construction and operation of large-scale commercial complexes and upgrading existing commercial capabilities, supporting the integrated development of commerce, tourism, culture, sports, and exhibitions, supporting the first-launch economy and featured consumption activities, supporting the improvement and expansion of service consumption, sup porting the upgrading of the consumption industry, supporting the development of high-quality brands, supporting the improvement of consumption facilitation facilities, sup porting the formation of replicable and scalable application scenarios, and supporting the release of innovative development research results. These policies comprehensively stimulate market vitality, promote the development of modern commercial enterprises and the cultivation of consumer brands, guide the healthy and orderly development of various commercial consumption spaces, accelerate the integrated innovation of commerce, tourism, culture, sports, and exhibitions, and further gather high-end consumption resources.

Chapter II   Planning Guidance

Section One   Research Results of Special Plans

After years of development, the business district's strategic position has been continuously elevated, and its dominant functions have gradually emerged. On February 4, 2023, Chen Jining, Secretary of the Municipal Party Committee, investigated the business district and emphasized the need to "consolidate and amplify the advantages of overlapping national strategic tasks, further deepen the understanding of strategic connotations, focus on spatial layout, functional platforms, and dominant industries for further enhancement, deepening, and optimization, and strive to improve the overall identity and core competitiveness of the business district." In accordance with the work arrangements of the municipal leaders, the Management Committee of the business district, together with the Municipal Planning and Natural Resources Bureau and relevant units and departments in Minhang, Qingpu, Jiading, and Changning, are comprehensively promoting the research and preparation of the "Special Plan for Hongqiao Business District and Surrounding Areas" (referred to as the "Special Plan"), and have initially formed research results for the Special Plan.

Ⅰ. Overview

The special plan, based on the "Overall Plan for the Construction of Hongqiao International Open Hub" and the "Shanghai 2035" overall plan, emphasizes strategic guidance. Based on the overall spatial structure of the Greater Hongqiao area (535 square

Chapter II Planning Guidance

Section One Research Results of Special Plans

kilometers), it focuses on the Hongqiao Business District. Relevant planning and research teams are organized to deepen the preparation and research of special planning schemes, and simultaneously carry out special studies on comprehensive transportation, work-life balance, public service facilities, industrial development, and cost estimation. The plan clarifies regional development goals, spatial patterns, and key areas in various fields, promotes the integration and upgrading of resource elements, and aims to build the business district into a major spatial carrier for implementing the national strategies of the Hongqiao International Open Hub and the integrated development of the Yangtze River Delta. First, efforts will be made to optimize and upgrade the overall regional pattern. Give full play to the radiating and driving effects of the Business District's Expo and Hongqiao Comprehensive Transportation Hub, coordinate the overall positioning and functional layout of the Business District and the western suburbs of Shanghai (an area of approximately 535 square kilometers), focus on promoting spatial pattern optimization and functional upgrading, strengthen resource integration and inefficient land revitalization, and systematically improve functions such as transportation organization, ecological networks, industrial systems, housing, and public services. Second, focus on deepening the planning of the Business District. Benchmark the functional positioning requirements of "international central business district, new platform for international trade center, and comprehensive transportation hub," and strengthen the optimization of functions of the Business District. Enhance strengths, address weaknesses, and highlight unique characteristics, emphasizing intensive, compact, functionally integrated, and clustered layouts, while simultaneously conducting planning refinement and economic benefit analysis. Third, focus on enhancing the functions and overall identity of the core area. Taking urban renewal as a starting point, strengthen the coordinated spatial resource management of the core CBD with important functional areas such as the convention and exhibition center area, Hongqiao integrated transportation hub, and Suzhou River waterfront area, to enhance the concentration, openness, and visibility of core functions.

The special plan preparation research is divided into three stages. The first stage is the plan implementation evaluation stage (April to July 2023). Combining the research on deepening the understanding of the national strategic connotation, conduct a plan implementation evaluation to identify shortcomings and explore spatial resources. The second stage is the spatial strategy scheme research stage. From August 2023 to March 2024, conduct spatial strategic planning research on 535 square kilometers, and from April 2024 to the present, focusing on integrating resources and reshaping the regional spatial structure and urban-rural functions. The third stage is the statutory plan achievement preparation stage.

Chapter II　Planning Guidance

Section Two　Key Domain Planning

Section Two　Key Domain Planning

The business district actively serves the national strategy, fully leverages the radiation effect of the comprehensive transportation hub, significantly enhances its ability to serve the Yangtze River Delta and connect with the international community, and strives to build the core carrier area of Hongqiao International Open Hub, which connects the international and domestic markets, demonstrates the advantages of openness, facilitates economic circulation, and leads the high-quality development of the Yangtze River Delta region. On the basis of the overall regional pattern, highlight the spatial integration and improvement strategies of enhancing functional cores, shaping ecological green veins, and promoting functional connectivity.

1 .Special field planning

1. Ecological Network

Focusing on the construction of T-shaped ecological green veins in the business district, efforts are being made to create the Wusong River Suzhou River ecological corridor and the Gangshen Green Corridor, highlighting the iconic Suzhou riverside open space and achieving the continuation of high-quality public spaces of "one river, one river". Strengthen the integrated planning and design of ecological elements, public spaces, and high-level facilities, achieve the transformation from ecological isolation to system stitching functions, and promote the integrated development of business districts.

2. Industrial system

The business district is guided by the goal of high-quality development, with the main direction of improving economic density, enhancing industrial level, and laying out new tracks. It focuses on gathering global resource elements, deepening industrial support functions, cultivating innovative and entrepreneurial entities, optimizing industrial development ecology, accelerating the construction of a perfect industrial development system, accelerating the construction of a modern international open hub core carrier area with world influence, and striving to build the business district into a benchmark international open hub with global demonstration and national leadership.

3. Comprehensive transportation

Improve the public transportation and ground road system in the business district. The business district will improve the level of rail transit services, and in the medium to long term, the coverage rate of planned rail transit stations within 600 meters will be increased to around 35%. Connect 20 cross railway, river channels, and district connecting roads, study the National Convention and Exhibition Center Core Area Hongqiao Hub MRT system, optimize community bus shuttle routes, and achieve rapid connectivity within the business district and with surrounding areas.

4. Work life balance

The business district will focus on strengthening the precise supply of housing. To enhance the precision and matching of housing supply for different needs such as young innovators, business people, international people, and local people. By constructing new affordable rental housing, transforming existing inefficient commercial facilities, utilizing resettlement housing through leaseback, and building talent apartments in industrial communities, we will increase the area of affordable rental housing by approximately 1.2 million square meters through various means in the business district, improving the balance between work and housing.

5. Public service facilities

The business district is vigorously accelerating the construction of public services. Accelerate the construction of community level public services and fill in the gaps as soon as possible. Increase high-quality comprehensive tertiary hospitals, high-level public welfare education facilities, equip with distinctive cultural and sports facilities, introduce international cultural activities and sports events, and expand brand effect.

Section Three   Preliminary Research for the "15th Five-Year Plan"

The "15th Five-Year Plan" period is a crucial stage for implementing the "Overall Plan for the Construction of the Hongqiao International Open Hub" and striving to build an international central business district. Formulating a good "15th Five-Year Plan" for the business district will play an important role in promoting the development and construction of the business district, functional development, industrial agglomeration, improved supporting facilities, low-carbon development, and social progress during the "15th Five-Year Plan" period. According to the overall requirements of the municipal government's "15th Five-Year Plan" preparation work and the requirements of the Municipal Development and Reform Commission's "Specific Work Schedule for the Research and Preparation of the Shanghai '15th Five-Year Plan'," and in accordance with the list of major research topics in the early stage of the city's "15th Five-Year Plan", combined with the actual situation of the business district, we will carry out research on the overall ideas of the "15th Five-Year Plan" and special research on 15 major issues.

I. Preliminary research on planning ideas

According to the relevant work deployment of the city, the management committee organized preliminary research work, screened major issues in the "15th Five-Year Plan" of the business district, clarified the specific work schedule, studied and formulated a research list of major issues in the early stage of the "15th Five-Year Plan", and prepared for the study of planning ideas and the formulation of work plans.

Conduct research on major issues. According to the national strategy for the integration of the Yangtze River Delta and the overall requirements of the "Overall Plan for the Construction of Hongqiao International Open Hub", we will implement the work deployment of the municipal party committee and government, and carry out preliminary research work for planning. Under the overall framework of the preliminary research, we actively coordinated with the major problem research projects of the "15th Five-Year Plan" of the municipal line management departments to carry out a series of major problem special studies, forming a total of 15 major special studies, including "Research on the overall idea of continuously creating a strong and active growth pole in the business district and enhancing the core functions of the international open hub", "Research on the comprehensive development index system and core index calculation of the business district", "Prospective planning research on major projects in the business district", and "Strengthening major policy guarantee research in the business district".

Prepare a report on planning ideas. Conduct specialized research by coordinating with relevant departments at the municipal level. On the basis of relevant thematic research, suggestions for the "15th Five-Year Plan" of the business district have been formulated and submitted to the Municipal Development and Reform Commission as relevant materials for the basic ideas of the city's "15th Five-Year Plan".

Organize specialized seminars and research. In the preliminary research, we actively maintained close communication with the competent departments of various departments in the city, closely linked with the research on major issues in the corresponding key areas of the city's "15th Five-Year Plan", and supported each other. At the same time, in conjunction with various districts and towns, we will invite some representatives of the Municipal People's Congress, members of the Chinese People's Political Consultative Conference, experts from think tanks, and people from all walks of life who are concerned about the development of the Hongqiao International Central Business District to participate in the research of major planning issues through research, discussions, and workshops, and listen to the opinions of relevant district governments, the National Exhibition Center, Hongqiao hub units, key enterprises in the business district, and the "South and North Belt" in the Hongqiao International Open Hub.

Chapter III New Platform for International Trade Center

Section One Spillover Effects of the China International Import Expo

While implementing various service guarantee tasks to a high standard, the business district focuses on establishing a comprehensive and long-term mechanism to pro mote the implementation of several important measures, such as the "Several Measures to Support the Construction of a New Platform for International Trade Center in Hongqiao International Central Business District," and transform platform functions and advantages into development dividends, fully amplifying the spillover effect of the China International Import Expo.

I. Construction of a year-round exhibition and trading platform with "6 days + 365 days"

The platform has established three 10 billion-level transaction platforms. Ten new Hongqiao Import Commodity Exhibition and Sales Center sub-centers have been added in Kunshan, Changzhou, Shaoxing, Jiuquan, Urumqi, and Guiyang, bringing the total number of Hongqiao Import Commodity Exhibition and Sales Center and Greenland Global Commodity Trading Hub sub-centers nationwide to 46. Ten new and updated Greenland Global Commodity Trading Hub national pavilions have been established, bringing the cumulative total to 68.

II. Amplifying the Effects of Business, Tourism, Culture, and Sports

Strengthen the linkage between inside and outside the venue to transform more CIIE traffic into increased consumption. Explore carrying out CIIE consumption linkage activities, connecting 14 commercial, tourism, cultural, and sports carriers within the business district, and allowing users to scan the code to view over a hundred ticket-linked preferential measures nearby through an online CIIE consumption map.

III. Accelerating the Transformation of "Exhibits into Commodities and Exhibitors into Investors"

The trade matchmaking function has been further deepened. Hongqiao Import Commodity Exhibition and Trading Center, Greenland Global Commodity Trading Hub, and other "6-day +365-day" organizations held more than 80 matchmaking events, received more than 90 batches of traders and domestic related provincial and municipal delegations, and received more than 700 groups of domestic and foreign profession al buyers. The Shanghai Biopharmaceutical Product Registration Guidance Service Workstation (Minhang Huacao Branch) was inaugurated to provide full-chain biopharmaceutical product registration services, helping "exhibits become commodities".

The role of functional platforms has been further enhanced. The Hongqiao Overseas Development Service Center launched the "Hongqiao Going Global" brand, making its debut at the service trade exhibition area of the 7th CIIE. A series of thematic activities were held off-site, such as the "Specialized, Refined, Unique, and New Going Global Forum and the New Energy Enterprises Going Global event. The Hongqiao Overseas Development Service Center South Hongqiao Branch, the Hong Kong Listing Guidance Center, and the "Specialized, Refined, Unique, and New" Internationalization Service Station were inaugurated. International organizations stationed in the Hongqiao Overseas Trade Center held a total of 18 investment promotion activities during the 7th CIIE.

The agglomeration of international high-end business elements has further intensified. The business district emphasizes the role of market entities and has hosted a series of high-level international events, including the 2024 Trade Digitalization and Cross-border E-commerce Development Forum, the 2024 Trade Digitalization Innovation Forum, the Seventh CIIE Spillover Effect Forum, the Silk Road E-commerce Cooperation and Innovation Development Conference and the 2024 National "Silk Road Cloud Products" E-commerce Festival Kick-off, and the 2024 Imported Food Industry Summit.

Chapter III New Platform for International Trade Center

Section Two Core Area of International Convention and Exhibition City

Section Two Core Area of International Convention and Exhibition City

The business district is an important carrier of the international convention and exhibition capital, and also an important platform for undertaking and amplifying the spillover effect of the China International Import Expo. In 2024, the scale of exhibition activities in the business district steadily increased. The National Exhibition and Convention Center alone held 8.1619 million square meters of exhibitions and related activities, accounting for 45.40% of the city's total. Convention and exhibition companies are accelerating their agglomeration, and the Hongqiao International Convention and Exhibition Industry Park has accumulated 426 convention and exhibition industry chain companies such as Informa and International Exhibition. The convention and exhibition ecology has been further optimized, and the innovative policies such as tax supp ort for exhibits, customs clearance supervision, fund settlement, investment facilitation, and personnel entry and exit during the Import Expo have been legally upgraded to normalized institutional arrangements.

Ⅰ. Using the National Exhibition and Convention Center as a Carrier

In 2024, the National Exhibition and Convention Center's exhibition area is approximately 7.6 million square meters. It mainly presents the following characteristics: First, it has a high degree of internationalization. The National Exhibition Center held a total of 49 international exhibitions throughout the year, with an exhibition area of 7.09 million square meters, accounting for 93.2% of the total exhibition area; second, the exhibition scale is large, with a total of 23 large-scale exhibitions with an exhibition area of more than 100,000 square meters held throughout the year, and the number of large- scale exhibitions accounts for 47.9% of the city's total; third, the exhibition brands are excellent, including the China International Import Expo, the China International Indus try Fair, the International Plastics and Rubber Industry Exhibition, the International Textile Fabrics Exhibition, and international medical equipment and other high-quality exhibitions are located in the National Exhibition Center, which is the venue with the most UFI-certified exhibition projects in the city.

From November 5th to 10th, the 7th China International Import Expo, with the joint efforts and strong support of all parties, was successfully held as a global economic and trade event with distinct open characteristics, rich highlights, and fruitful cooperation results. It demonstrated to the world China's confidence and determination to promote reform and development through opening up, and to provide new opportunities for the world with China's new development, making positive contributions to promoting inclusive economic globalization.

Ⅱ. Using Hongqiao International Convention and Exhibition Industrial Park as a platform

The Hongqiao International Convention and Exhibition Industry Park was officially inaugurated in June 2021. Situated at the National Convention and Exhibition Center, it occupies a physical space of 1.5 million square meters and is operated by the West Hongqiao Business Development Co., Ltd. As Shanghai's first convention and exhibition industry-themed park, it represents a significant initiative to promote the construction of the Hongqiao International Open Hub and serves as an important pillar for Shanghai's accelerated development into an international convention capital and a global digital hub. As a key functional node of the Yangtze River Delta Digital Thoroughfare, the Hongqiao International Convention and Exhibition Industry Park aims to cultivate an ecosystem for the convention and exhibition industry chain, attract headquarters of renowned domestic and international convention and exhibition enterprises, professional exhibition organizers, and supporting service companies, and establish a convention and exhibition group with international competitiveness.

Section Three   Headquarters Economy Level Enhancement

In 2024, the business district will continue to innovate and optimize the development environment for various headquarters enterprises, seize strategic opportunities, continuously enhance the energy level of the headquarters economy, promote various headquarters institutions to expand their management, research and development, sales, trade, settlement, investment, and internationalization functions based in Hongqiao, attract a number of iconic and leading projects to settle down, and continuously inject new impetus into the high-quality economic development of Hongqiao.

I. Building a New Hotspot for the Agglomerated Development of Headquarters Institutions

The business district, backed by the vast market of the Yangtze River Delta, is a key hub for innovative core elements such as capital, talent, and information. In 2024, the business district, together with the governments of the four districts, Real Estate Hongqiao Company, and other entities, focused on gathering more regional headquarters of multinational corporations, headquarters of private enterprises, trading headquarters, innovative headquarters, R&D centers, and other types of headquarters institutions, and accelerated the introduction and cultivation of a number of high-end professional service institutions. A total of 238 headquarters institutions of various types were introduced and cultivated, including 135 headquarters of various types recognized by relevant functional units of Shanghai Municipality, and 103 headquarters of various types recognized by the Management Committee of the business district. A total of 27 new headquarters enterprises of various types were recognized throughout the year, including 8 headquarters of various types recognized by relevant functional departments in Shanghai, such as innovation and R&D headquarters represented by Hi-Target Surveying Instrument and Danisco, and foreign-funded foreign trade headquarters represented by Oishi and Shaanxi Foreign Economic & Trade Group; 19 headquarters recognized by the Management Committee of the Business District, including the headquarters of leading enterprises in the chain represented by NIO, Trina Solar, and Run yang New Energy, and the headquarters of high-tech industries represented by United Imaging Healthcare, Qisheng Bio, and Hopebond New Material, covering many strategic emerging industries such as photovoltaic energy, new energy vehicles, aerospace information, biomedicine, medical devices, and new materials. The business district presents a vigorous development trend of continuous improvement of scientific and technological innovation concentration and continuous enhancement of industrial agglomeration, and has become a hot spot for accelerating the agglomeration of various high-energy and new-track headquarters institutions.

The business district actively encourages various established headquarters to continuously upgrade their capabilities and build Asia-Pacific headquarters or global headquarters; it supports local enterprises in establishing an international and multi-layered business layout focusing on the Yangtze River Delta region, with headquarters in the business district, bases in the Yangtze River Delta, and operations globally. It continues to increase support for private enterprise headquarters "Going Global", encourages leading enterprises "Going Global" to gather and develop in the business district, enhances enterprises' international business operation capabilities, supports headquarters-type enterprises in carrying out foreign investment business based in the business district, accelerates global layout, and actively with the global industrial chain, supply chain, and value chain to accelerate the agglomeration of local multinational enterprise headquarters.

Ⅱ. Building a Preferred Destination for Key Industry Investment Projects

First, we will continue to strengthen the driving force of Hongqiao's development. Leveraging the hub advantages of Hongqiao's innovative elements, we will fully focus on the "1+3" industrial system to carry out industrial chain investment promotion. Throughout the year, we have attracted a total of 207 key projects to sign contracts and settle down, including Ideal Auto, Volkswagen Group, ASSA ABLOY, Leica Biosystems, Qiyuan Xindongli, Meilu Zhijia, Leadshine Robot, Sanhome Pharmaceutical, etc., covering many key areas such as automobile research and development, biomedicine, humanoid robots, and new energy. The functions of high-end business and scientific and technological innovation are constantly deepening.

Second, the investment-led function continues to emerge. Focusing on key projects, Saiyi Information was able to "obtain land and start construction" in 24 hours, KPMG China KAMPUS and Spring Airlines' new headquarters building were officially put into use, the three headquarters projects of SKSHU Paint Co., Ltd., Xinchao Media, and MicroPort EP were simultaneously launched, BYD Auto, State Power Investment Corporation Ronghe Technology, Boder Group, and Innovent Biologics Global R&D Center were officially settled in, Ingka Shopping Centre (Shanghai Livat) was unveiled and put into operation, and Neusoft Shanghai Technology Center, Zoran Corporation (Shanghai) Innovation Base, and Huafeng R&D Headquarters were completed. Midea's Global Innovation Park was completed in. Investment in Hongqiao's brand effect continues to amplify, and market confidence in investing in Hongqiao continues to strengthen.

III. Motivating the Headquarters Enterprises to Grow Stronger

Around the requirements of building a unified national market and accelerating the development of new quality productive forces, in accordance with the management methods and implementation rules of the new round of special development funds for the business district, and with the support of an innovative evaluation system and policy supermarket, we will study and issue a new round of support policies for the development of headquarters enterprises and their annual application guidelines. During the policy formulation process, we fully absorbed the demands of enterprises and opinions and suggestions from all parties, and further optimized and upgraded the policy orientation, support scope, and indicator system, focusing on supporting headquarters enterprises to deepen and broaden, grow bigger and stronger, and innovate and develop, forming a comprehensive, multi-level, and wide-ranging policy system, and fully supporting headquarters enterprises to accelerate the upgrading of their capabilities, expand their headquarters functions, and improve the industrial ecology in the business district, forming a leading demonstration effect, and playing a positive role in boosting corporate development confidence and promoting the creation of headquarters functions. There are four main characteristics:

First, focus on the functional expansion of headquarters enterprises. Add incentives for headquarters functions, focusing on management functions, R&D functions, investment and M&A, industrial funds, and social value, to support headquarters enterprises in expanding headquarters functions based in the business district, increasing R&D eff orts, strengthening the industrial ecosystem, and deepening development concepts, so as to comprehensively enhance international competitiveness.

Second, improve the accuracy of policy matching. Construct a new gradient of indicators to form evaluation dimensions applicable to various headquarters forms.

Third, optimize the continuity of policies. Encourage headquarters enterprises to continuously improve their capabilities, provide capability enhancement rewards to headquarters enterprises that achieve significant business growth, and support enterprises in actively expanding their businesses and conducting reinvestment.

Fourth, support the clustered development of headquarters enterprises in the business district. Support the settlement of high-level headquarters enterprises, provide supporting credit insurance and service support, and encourage leading enterprises that "Going Global" to gather and develop in the business district.

Chapter IV Bidirectional Opening

Section One Implementation of Policies

In 2024, the business district closely relied on the policies of the Hongqiao International Open Hub, taking advantage of the pioneering role in institutional openness to benchmark against international economic and trade rules such as CPTPP and DEPA. It bravely took up the mantle of a testing ground for reform and opening-up, promoting new progress in major policies and key tasks, thereby better experimenting with systems, measuring pressures, and exploring new paths for the country.

I. Promoting the Effective Implementation of Upgraded Policies

Under the guidance and support of relevant municipal departments, and with the cooperation and assistance of all related districts, the business district fully aligned itself with the upgraded policy construction of the Hongqiao Open Hub. It clarified job responsibilities, refined work pathways, improved promotion mechanisms, detailed implementation paths and application standards, comprehensively promoted the implementation of various policy measures, and achieved good results.

1. Further Promoting High-Level Opening-Up and Testing Systems for the Country

The business district closely coordinated with the Shanghai Municipal Commission of Commerce to promote the implementation of the "Silk Road E-commerce" Cooperation Pioneer Zone Creation Plan. It implemented the "Hongqiao International Central Business District's Three-Year Action Plan for Fully Promoting 'silk Road E-commerce' Cooperation Pioneer Zone (2023–2025)".

2. Further Strengthening International Positioning and Optimizing the Business Environment

Through in-depth research and understanding of the baseline situation, combined with urban renewal work in the core area, the business district promoted the renovation and enhancement of some buildings. By building platforms, setting rules, and encouraging two-way interactions, it perfected the Yangtze River Delta Reception Hall plan, fully utilized the role of chambers of commerce and associations, and created a better platform for comprehensively advancing the dual circulation pattern and increasing the level of two-way openness in the Yangtze River Delta region. It also conducted special planning studies for the business district and surrounding areas, comprehensively optimized the functional layout and spatial network system of "Greater Hongqiao", and better connected the "two belts". Meanwhile, by leveraging its existing functional advantages, the business district advanced the construction of an agglomeration zone for private enterprise headquarters in the Yangtze River Delta, helping these enterprises achieve a development pattern where their headquarters are located in the business district and production bases are spread across the Yangtze River Delta region, achieving mutual benefits and win-win outcomes in the region.

3. Further Strengthening the Hub Status and Enhancing Core Functions of the 'Five Centers'

The business district actively engaged with the non-administrative office, the Shanghai Municipal Commission of Commerce, and the Shanghai Chamber of International Commerce, among others, to refine the advancement of policy implementation, strengthen the aggregation of international organizations, optimize functional layouts, fully utilize the role of overseas trade center platforms, revise new rounds of special fund policies, continuously broaden international perspectives, and strive to build a work network for international exchanges and cooperation.

Ⅱ. Benchmarking Against High Standards and Levels of International Rules

The business district benchmarked against high-standard and high-level international rule systems, amplified the spillover effects of the Import Expo, innovated international trade, and promoted the optimal allocation of high-end factor resources.

Chapter IV Bidirectional Opening

Section One Implementation of Policies

1. Establishing a Cooperative Mechanism for Digital Technology Application in Electronic Ports

On March 1st, at the 2024 Work Field Meeting of the Hongqiao International Open Hub, units including Shanghai Yitong International Co., Ltd., Jiangsu Electronic Port Co., Ltd., Zhejiang Electronic Port Co., Ltd., Anhui Qiantong Information Technology Co., Ltd., and the Shanghai Asia-Pacific Model Electronic Port Network Operation Center jointly signed the "Cooperation Agreement on Digital Technology Application for Silk Road E-commerce Electronic Ports in the Hongqiao International Open Hub". This marked that some institutional openness achievements obtained by the Silk Road E-commerce Cooperation Pioneer Zone had radiated to the Yangtze River Delta region, with digital empowerment leading to new developments in high-quality integrated development in the Yangtze River Delta.

2. Assisting in Increasing Trade Volume with RCEP Member Countries

The RCEP Enterprise Consulting Service Station (Hongqiao Station) focused on four core functions: "one-stop" information services, "internationalized" professional services, "specialized" training services, and "integrated" risk prevention services. It helped enterprises seize the benefits of RCEP rules, supported enterprises in relying on the functional advantages of Hongqiao to deepen their presence in the Chinese market, and enabled them to start from Hongqiao to go global, making Hongqiao truly become a "rainbow bridge" for promoting international economic and trade cooperation under the RCEP framework.

3. Deepening the Construction of a Global Digital Trade Port

The business district deepened the construction of a global digital trade port, continuously optimizing the software and hardware service environment for digital trade, increasing special policy support, creating an internationalized digital trade rule system, gathering digital trade industries with Hongqiao characteristics, providing strong guarantees for the healthy development of digital trade, and constructing an innovative, dynamic, and open digital trade development ecosystem.

Section Two　"Going Global" Platform

　　The business district is accelerating the construction of the "Going Global" platform, supporting enterprises in the Yangtze River Delta to advance their globalization strategies, and striving to establish the business district as a vital channel and base for enterprises to enter overseas markets. As the core stronghold of the "Going Global" platform, the Hongqiao Overseas Development Service Center was established in March 2024. The platform integrates government services and professional resources, focusing on "extending service chains, expanding international networks, and strengthening innovation empowerment" as key elements, gradually enhancing its core functions, and continuously promoting the service brand of "Setting Sail for Overseas Markets, Hongqiao Leads the Way." It aims to build a "bridgehead" and "accelerator" for local enterprises in the Yangtze River Delta to venture into the world.

　　The business district, based on the diversified needs of enterprises "going global," fully leverages the advantages of national strategic overlays and open hubs, and in accordance with the principles of "government guidance, market entities, policy support, and multi-party linkage," jointly established the Hongqiao Overseas Development Service Center with the Donghao Lansheng Group and the Real Estate Group. The service center integrates government services and market services, focusing on the four core functions of "information consulting, professional services, project investment, and risk prevention," relying on a professional, international, and digital service system to build an online and offline one-stop comprehensive functional platform for enterprises "going global". The Hongqiao Overseas Development Service Center constructs a "1+3+N" service network by establishing one alliance, launching three lists, and promoting multi-dimensional linkage:

　　Establishing One Alliance. The Hongqiao Professional Service Alliance brings together 71 professional service institutions, including Sinosure, KPMG, and Dun & Bradstreet, providing basic consulting services and customized solutions in ten areas such as market expansion, foreign-related law, international finance, intellectual property, international exhibitions, and digital transformation, building an interconnected international service network.

Introducing Three Lists. Centered around the activity list, the center hosts events such as promotion meetings for foreign-related service solutions, and seminars on cross-border investment regulations and case studies, covering 30 countries and regions including the UK, Singapore, Vietnam, and Japan. It serves thousands of enterprises in Shanghai and the Yangtze River Delta, forming distinctive features in areas such as new energy, medical devices, catering, and gaming going global. Regarding the policy list, the business district has formulated the "Support Policies for Building a High Ground for Enterprise 'Going Global' Services in Hongqiao International Central Business District," covering the pre, mid, and post stages of enterprises going global. It assists enterprises in exploring international markets through various means such as issuing "Going Global" professional service vouchers and subsidies for overseas investment projects. As for the service list, it offers 47 service items focusing on ten areas including market expansion, foreign-related law, international finance, and digital transformation.

Promoting Multi-dimensional Linkage. The Hongqiao Overseas Development Service Center actively forms multi-dimensional linkages with other bases. Firstly, online and offline linkage. The Da Hongqiao Global Investment and M&A Online Project Database achieves efficient resource matching, providing enterprises with convenient access to overseas project resources. Secondly, regional collaborative linkage. Supporting various districts to leverage their own advantages, the center has successively established the East Hongqiao Sub-center focusing on cross-border e-commerce going global, the North Hongqiao Sub-center focusing on specialized and sophisticated enterprises going global, and the South Hongqiao Sub-center focusing on digital transformation and Shanghai brands going global, strengthening resource integration and enterprise cooperation within the region. Thirdly, Yangtze River Delta linkage. Promoting the establishment of the Yangtze River Delta "Belt and Road" High-Quality Development Promotion Association in Hongqiao, as a cross-regional social organization led by the National Development and Reform Commission, approved by the Ministry of Civil Affairs, and supervised by the China Council for the

Promotion of International Trade, the association injects new momentum into the Yangtze River Delta's participation in the "Belt and Road" construction. The association aims to "seriously implement the Party Central Committee's requirements for the high-quality development of the joint construction of the 'Belt and Road' and the integrated development of the Yangtze River Delta, practice the principles of joint consultation, joint construction, and shared benefits, aim for high standards, sustainability, and benefiting the people, leverage the combined advantages of the Yangtze River Delta region, and promote the high-quality development of the 'Belt and Road' construction in the Yangtze River Delta region." It actively carries out cross-administrative information exchange, resource sharing, and brand co-construction, providing internationalized, convenient, and high-level legal, financial, and accounting services for enterprises participating in the joint construction of the "Belt and Road," exploring new paths and making new contributions to promoting the high-quality development of the joint construction of the "Belt and Road." Fourthly, domestic and overseas linkage. Coordinating and promoting the official launch and operation of the Hongqiao Overseas Service Center (Germany) Sub-center, marking the first overseas service network layout supported by Hongqiao for the Yangtze River Delta enterprises going global, continuously expanding and enhancing international service functions.

Chapter V　Regional Quality Improvement

Section Four　Construction of Affordable Rental Housing

　　Affordable rental housing is an important component of the housing system that combines renting and purchasing. In order to improve the system of affordable rental housing and utilize a multi-party supply, multi-directional guarantee, and a housing system that combines renting and purchasing, the business district will accelerate the increase of affordable rental housing supply in accordance with the principle of balancing work and housing, actively promote the construction, allocation, and renovation of rental housing, and guide the integration of industry, city, and people, as well as the linkage between people, land, and housing.

　　In 2024, the Business District Management Committee conducted a survey in the Minhang, Changning, Qingpu, Jiading districts, as well as the real estate Hongqiao area, and organized multiple symposiums to listen to opinions from all parties on construction, supervise the promotion of rental housing construction work, and form a summary table of the planning and construction of affordable rental housing in the Business District and a statistical data table of market-oriented rental housing in the Business District. Through research, it was found that the rental situation of rental housing is uneven, with some projects having low rental rates and unsatisfactory occupancy rates. The transformation of inefficient commercial buildings into rental housing encounters difficulties in terms of capital investment, market demand, policy operation, and enterprise operation and management, and the willingness of market entities to transform is not high. To this end, the business district actively studies the changes in supply and demand in the rental housing market, strives to promote steady progress in total quantity, ensures product quality, and improves rental rates and operational service levels.

In order to optimize the layout of housing space resources and promote the implementation of rental housing and affordable housing, in 2024, the Business District Management Committee will actively promote the construction of affordable rental housing with the overall control plan as the starting point. In conjunction with the Municipal Housing Management Bureau, Municipal Housing Security Center, Shanggui Institute, and Zhongggui Institute, we will verify relevant data information, negotiate and study policy based rental housing matters in the business district. Firstly, in conjunction with the "Special Plan for Hongqiao Business District and Surrounding Areas", we will moderately increase the scale of housing around planned rail transit stations, especially in key areas to further strengthen TOD development and increase the amount of new residential and affordable rental housing land around the stations. The second is to accelerate the construction of affordable rental housing by district governments in accordance with the goals proposed in the "Recent Plan for Land Space of Shanghai Hongqiao International Central Business District" and the "Special Plan". Thirdly, the planning and construction of affordable rental housing faces problems such as administrative coordination, long approval cycles for existing commercial offices and industrial plant renovations. The Business District Management Committee coordinates with the Municipal Housing Management Bureau to optimize and improve the regional coordination mechanism for affordable rental housing, and builds a platform to accelerate the renovation of existing buildings. The fourth is to accelerate the construction of affordable rental housing projects included in the overall control plan of the business district, and speed up their completion and operation. Accelerate the construction of projects such as Hongqiao Talent Apartment in Changning District, Jia Industrial Rental Housing in Qingpu District.

Chapter VI   International First-class Business Environment

Section Three   The Hongqiao International Central Legal Zone

The Hongqiao International Central Legal Services District, as a service function platform for the business zone, is dedicated to comprehensively building a highly concentrated professional ecosystem of legal services. It provides legal safeguards for enterprises and industrial development in the business zone, as well as for implementing national strategies such as Yangtze River Delta integration and the Hongqiao International Open Hub.

I. Increasing "Legal Density"

Since its inauguration in September 2021, the operational management framework of the Legal Services District has been established through collaboration among the Municipal Bureau of Justice, the Business District Administrative Committee, and the Minhang District People's Government. The core facilities—the Legal Services Tower and Comprehensive Service Center—have been officially launched, further enhancing the concentration of legal service institutions. By the end of 2024, 151 legal and quasi-legal service institutions had settled, including 61 law firms, 80 quasi-legal institutions (e.g., legal tech companies), 6 mediation and legal aid organizations, 2 industry associations (Shanghai Bar Association and Shanghai Judicial Expertise Association), 1 arbitration institution (Shanghai Arbitration Commission), and 1 notary office (Xinhongqiao). This represents a fivefold increase of 128 institutions compared to its establishment in 2021. The Legal Services Tower has attracted 15 high-profile institutions, including nationally renowned law firms, arbitration bodies, cooperative notary offices, commercial mediation agencies, and legal tech companies, making it the district's most iconic and comprehensive building. The clustering of legal service elements and visibility of formats have begun to take shape.

II. Sharper Strategic Positioning

Centered on serving the international central business district, advancing Yangtze River Delta integration, and supporting the national strategy of building the Hongqiao International Open Hub, the district has formed the "Seventh CIIE Minhang District Legal Service Volunteer Team." It promotes a "professional services + investment facilitation" mechanism, shifting from stationary services to proactive "doorstep services" for exhibitors. Four supporting events were held in the Legal Services Tower during the CIIE, three of which were included in Shanghai's official CIIE activities, widely acclaimed by enterprises and instrumental in regional investment attraction and legal support for overseas ventures. The district also hosted the Yangtze River Delta Commercial Legal Services Forum and collaborative 共建 activities, facilitating 13 counties and cities along the north-south expansion belt of the Hongqiao International Open Hub to sign agreements on regional synergy. This strengthened the district's influence as a legal services hub and fostered deeper integration of legal services across the Yangtze River Delta. The establishment of the Yangtze River Delta workstation for the Intellectual Property Protection Alliance further enhanced cross-regional collaboration. Currently, 13 non-local law firms operate in the district, including five from the Yangtze River Delta. Additional forums such as the "Commercial Legal Services Forum Under the Yangtze River Delta Collaboration Mechanism" and the "International Commercial Arbitration Center Seminar" have provided legal safeguards for regional integration.

III. Expanded Safeguard Functions

The district has launched the "Legal Services Benefit Enterprises" public legal salon brand, organizing over 100 high-frequency legal forums and lectures. It has strengthened corporate services through initiatives like "legal service vouchers," the "Legal General Counsel Alliance," and the "Law-Firm Youth Connection" program. A "doorstep" legal service platform for enterprises has been established, fostering mutual growth between legal institutions and businesses. Efforts to enhance cross-border legal services include attracting high-caliber international institutions to assist enterprises in overseas investment, trade, intellectual property, compliance, and arbitration. The district also advances legal-tech integration by releasing the *Policy Guidelines for Supporting Legal Tech Development* and hosting events like the 2024 World AI Conference's Legal Tech Application Scenarios Release. Collaborative projects such as the "New Feng Partner Initiative" (integrating Party-building and legal services) have resolved nearly 70 corporate issues and produced white papers on emerging industries like new energy.

IV. Growing Social Influence

As the only legal services-focused zone of its kind, the district was named a "Shanghai Service Industry Innovation Development Demonstration Zone" and designated as a grassroots legislative contact point of the Municipal People's Congress Standing Committee. Its success has drawn national attention, with over 140 delegations from governments, industry groups, and institutions visiting in 2024. Senior officials, including the National Development and Reform Commission's vice chairman and provincial leaders from the Yangtze River Delta region, prioritized the district during the third anniversary inspection of the Hongqiao International Open Hub. The district has expanded collaborations with 11 universities (e.g., Shanghai Jiao Tong University, East China University of Political Science and Law) and empowered community governance through initiatives like "Three-Institution Collaborative Mediation Studios" and a legal culture plaza design competition.

V. Enhanced Comprehensive Services

The district has established a one-stop Comprehensive Service Center and launched an official WeChat public service platform, integrating online and offline services. It provides streamlined administrative support for legal institutions and shared office spaces tailored for legal professionals across the Yangtze River Delta. A specialized talent team has been formed to collaborate with platforms like the Intellectual Property Overseas Rights Protection Base and the Hongqiao International Talent Service Center, ensuring full-spectrum support for legal and business needs.

Chapter VII   Collaborative development of sub regions

Section Two   Changning Region

I . Enhance the industrial level, cultivate new brands for improving the quality and efficiency of regional economy

1. Developing Hub Economy

One is to solidify the ballast stone of the aviation advantage industry. Changning District strengthens the layout of the "aviation+headquarters" industrial ecosystem, vigorously promotes the development of the entire industry chain of high value-added aviation services, continuously expands the scale of the "Eastern Airlines+Spring and Autumn" dual engine drive, and promotes the formation of a "large aircraft+helicopter" dual wing flying pattern. Currently, the settled aviation enterprises include Eastern Airlines, Spring and Autumn Airlines headquarters, and helicopter leader Jet Airways headquarters. Relying on the advantages of air rail composite, the aviation service industry has given birth to segmented industries such as aviation materials, aviation fuel, aviation food, aviation information, aviation finance, and aircraft leasing, and continuously improved industrial agglomeration with the improvement of Hongqiao International Airport's functions.

The second is to seize the fast lane of low altitude industry development. As a key carrier area, the Donghong area focuses on building "one park, two economies, three scenarios, and four centers" (i.e. implementing the construction of one park, strengthening the empowerment of the headquarters and digital economy, realizing the application of three major scenarios including urban manned transportation, logistics distribution, and cultural tourism, and

Chapter VII　Collaborative development of sub regions

Section Two　Changning Region

laying out four centers for low altitude technology innovation, airworthiness certification services, low altitude talent training, and guarantee service support), anchoring the city level positioning of the low altitude economic headquarters cluster area, fully tapping into the rich historical accumulation of "Hongqiao" and the advantages of the national level demonstration zone for air economy, striving to create a low altitude economic headquarters cluster area in the Yangtze River Delta, promoting leading enterprises and functional institutions to gather in Donghongqiao to exert their efforts in the low altitude new track, and jointly seeking the "golden period" of low altitude economic development.

In terms of landing achievements, at the "New Chapter of Low altitude Economy Hongqiao Hub New Momentum" seminar held during the 7th CIIE, the Hongqiao International Low altitude Economy Industrial Park (Changning Park) was officially unveiled, and four low altitude economy enterprises represented by Aviation Ninth Institute Low altitude Technology plan to land in the Changning area. The establishment of Shanghai Low altitude Economic Industry Development Co., Ltd. and Deep Space Exploration Technology Development (Shanghai) Co., Ltd. marks a further deepening of the layout of the Changning area in the aerospace field.

In terms of resource collaboration, we will fully leverage the advantages of "think tanks" and accelerate the connection with the city's aviation society, general aviation association, unmanned aerial vehicle industry association and other industry rooted organizations, close to enterprises and experts, and cooperate to establish the "Shanghai Hongqiao Low altitude Economic Research Institute (proposed)". Hold a closed door seminar on low altitude intelligent networking, jointly study the direction and implementation path of low altitude intelligent networking efforts with regulatory agencies, industry leaders, research institutes, etc., transform comparative advantages into development advantages, and lay a solid foundation for the development of the "digital+low altitude" economy.

2. Strengthen the headquarters economy

We will make every effort to promote the headquarters' "Rainbow Gathering" plan, continue to promote the clustering of regional headquarters enterprises, comprehensively serve the industrial gradient layout of "headquarters in Hongqiao, manufacturing in the Yangtze River Delta", actively implement the headquarters' empowerment plan, and adhere to the "one enterprise, one empowerment" project management and special team service mechanism. The gathering of headquarters enterprises has become a distinctive business card of Donghongqiao, where a group of multinational companies such as Unilever, Bosch, Johnson Controls, Arthur's, and Kubo Standard gather their regional headquarters, as well as a group of headquarters type enterprises recognized by Hongqiao International Central Business District, such as Lanwei Medical, Yarui Biology, and Opu Lighting. Since 2024, we have successively promoted the landing of headquarters projects such as Sandvik and Heda Chemicals, as well as affiliated enterprises such as Danaher, China Eastern Airlines Financial Holding, and Ctrip. Danisco has successfully been approved as a foreign-funded research and development center, and Xinlian Textile has been selected as a trade oriented headquarters in the business district.

3. Empowering the digital economy

One is to gather and build a strong digital 'base'. Relying on the "Hongqiao Source" online new economy ecological park and Hongqiao Airport Digital Economy Industrial Park, we focus on the four key development areas of artificial intelligence, digital health, digital travel, and digital consumption, as well as the functional layout of the digital airport integration expansion belt. We leverage the leading role of digital leading enterprises such as Ctrip, iQiyi, and iFlytek to create a more competitive digital industry cluster and science and technology innovation ecosystem, and help accelerate the formation of new quality productivity.

The second is to support leading enterprises in developing digital projects. Support Ctrip's development of digital travel management project, Baiqiu's research and development of AIGC retail full link digital intelligence insight platform, support the construction of Airport Group's "5G+digital twin" project, support Baiqiu's construction of Rongmeme digital center live broadcast base, continue to build a number of productive Internet service platforms such as Staples, and strive to form an influence in the city and even the country.

4. Create distinctive parks and functional platforms

One is to continuously promote the brand building of the financial park. In November 2023, the joint investment and education base of Xijiao International Financial Industry Park was officially established, aiming to regularly carry out investment knowledge popularization, investment research market viewpoint sharing, family trust services, asset allocation strategies and other latest industry trends and insights sharing, to help promote the construction of Hongqiao Wealth Management Corridor and accumulate momentum for building an international wealth management highland based in Hongqiao and radiating to the Yangtze River Delta. In 2024, a total of 7 educational activities were held, covering nearly 300 people. To enhance the visibility of the industrial park and the concentration of enterprises in the park, actively promote the financial park's problem-solving actions, guide and support park operating companies to continuously innovate service models and content around the three major areas of settlement, supporting and service, form standardized and refined service paradigms, accelerate park brand construction, and enhance the added value of park property management.

The second is to accelerate the implementation of the layout of emerging service platforms. In April 2024, the "Hongqiao Overseas Development Service Center (East Hongqiao) - China Enterprise Overseas Headquarters Service Center" was officially launched, with the themes of brand catering enterprises going global, medical equipment industry pioneers going global, and "factory second-generation" going global, to create the "Hongqiao Overseas Salon" brand, providing strong support for international brands to "introduce" and local brands to "go global". In June, the first "Patent Supermarket Practice Station" in the city was launched and operated at the Donghongqiao Center, striving to further connect the transfer and transformation of innovative achievements in the upstream and downstream of the segmented industry chain.

The third is to continuously deepen the construction of characteristic industrial parks. Continuously deepen the construction of characteristic industrial parks such as the "Source of Hongqiao" online new economy ecological park and the Dahongqiao Life Science Innovation Center. Hongqiao Airport Digital Economy Industrial Park is one of the second batch of 14 characteristic industrial parks in Shanghai, and the only city level characteristic industrial park selected in the digital direction. From January to December 2024, the "Hongqiao Source" online new economy ecological park achieved a revenue of 343.821 billion yuan, and introduced 212 new characteristic industry enterprises such as digital consumption, digital travel, digital health, and artificial intelligence.

图书在版编目(CIP)数据

2024上海虹桥国际中央商务区发展报告 / 上海虹桥国际中央商务区管理委员会编. -- 上海 : 上海社会科学院出版社, 2025. -- ISBN 978-7-5520-4804-9

I. F727.51

中国国家版本馆CIP数据核字第2025P03R52号

2024上海虹桥国际中央商务区发展报告

编　　者：上海虹桥国际中央商务区管理委员会
责任编辑：熊　艳
封面设计：黄婧昉
出版发行：上海社会科学院出版社
　　　　　上海顺昌路622号　邮编200025
　　　　　电话总机021-63315947　销售热线021-53063735
　　　　　https://cbs.sass.org.cn　E-mail: sassp@sassp.cn
排　　版：南京展望文化发展有限公司
印　　刷：上海盛通时代印刷有限公司
开　　本：787毫米×1092毫米　1/16
印　　张：14.5
字　　数：280千
版　　次：2025年8月第1版　2025年8月第1次印刷

ISBN 978-7-5520-4804-9/F·823　　　　　　　　　　定价：138.00元

版权所有　翻印必究